以农为生

絶対にギブアップしたくない人のための

返乡创业的6个步骤

[日] 岩佐大辉 著
于永梅 译

人民东方出版传媒
People's Oriental Publishing & Media
東方出版社
The Oriental Press

图字：01-2021-5121 号

图书在版编目（CIP）数据

以农为业：返乡创业的 6 个步骤 /（日）岩佐大辉 著；于永梅 译. —北京：东方出版社，2023. 1
ISBN 978-7-5207-3005-1

Ⅰ. ①以… Ⅱ. ①岩… ②于… Ⅲ. ①农业经营—创业—经验—日本 Ⅳ. ①F331. 34

中国版本图书馆 CIP 数据核字（2022）第 183267 号

以农为业：返乡创业的 6 个步骤
(YI NONG WEI YE: FANXIANG CHUANGYE DE 6 GE BUZHOU)

作　　者：[日] 岩佐大辉
译　　者：于永梅
责任编辑：申　浩
出　　版：东方出版社
发　　行：人民东方出版传媒有限公司
地　　址：北京市东城区朝阳门内大街 166 号
邮　　编：100010
印　　刷：北京联兴盛业印刷股份有限公司
版　　次：2023 年 1 月第 1 版
印　　次：2023 年 1 月第 1 次印刷
开　　本：880 毫米×1230 毫米　1/32
印　　张：6. 5
字　　数：110 千字
书　　号：ISBN 978-7-5207-3005-1
定　　价：49. 00 元
发行电话：(010) 85924663　85924644　85924641

“世界新农”丛书专家委员会

（按姓氏汉语拼音排序）

出版者的话

在中国共产党第二十次全国代表大会开幕会上，习近平总书记指出要全面推进乡村振兴，坚持农业农村优先发展，巩固拓展脱贫攻坚成果，加快建设农业强国，扎实推动乡村产业、人才、文化、生态、组织振兴，全方位夯实粮食安全根基，牢牢守住十八亿亩耕地红线，确保中国人的饭碗牢牢端在自己手中。

乡村振兴战略的提出，让农业成为有奔头的产业，让农民成为有吸引力的职业，让农村成为安居乐业的美丽家园。近几年，大学生、打工农民、退役军人、工商业企业主等人群回乡创业，成为一种潮流；社会各方面的视角也在向广袤的农村聚焦；脱贫攻坚、乡村振兴，农民的生活和农村的发展成为当下最热门的话题之一。

作为出版人，我们有责任以出版相关图书的方式，为国家战略的实施添砖加瓦，为农村创业者、从业者予以知识支持。从 2021 年开始，我们与“三农”领域诸多研究者、管理者、创业者、实践者、媒体人等反复沟通，并进行了深入调研，最终决定出版“世界新农”丛书。本套丛书定位于“促进农业产业升级、推广新农人的成功案例和促进新农村建设”等方面，着重在一个“新”字，从新农业、新农村、新农人、新农经、新理念、新生活、新农旅等多个角度，从全球范围内精心挑选各语种优秀“三农”读物。

他山之石，可以攻玉。我们重点关注日本的优秀选题。日本与我国同属东亚，是小农经济占优势的国家，两国在农业、农村发展的自然禀赋、基础条件、文化背景等方面有许多相同之处。同时，日本也是农业现代化高度发达的国家之一，无论在生产技术还是管理水平上，有多项指标位居世界前列；日本农村发展也进行了长时期探索，解决过多方面问题。因此，学习日本农业现代化的经验对于我国现代农业建设和乡村振兴具有重要意义。

同时，我们也关注欧洲、美国等国家和地区的优质选题，德国、法国、荷兰、以色列、美国等国家的农业经验和技术，都很值得介绍给亟须开阔国际视野的国内“三农”读者。

我们也将在广袤的中国农村大地上寻找实践乡村振兴战略的典型案例、人物和经验，将其纳入“世界新农”丛书中，并在世界范围内公开出版发行，让为中国乡村振兴事业作出贡献的人和事“走出去”，让世界更广泛地了解新时代中国的新农人和新农村。我们还将着眼于新农村中的小城镇建设与发展的经验与教训，在“世界新农”丛书的框架下特别划分出一个小分支——小城镇发展系列，出版相关作品。

本套丛书既从宏观层面介绍21世纪世界农业新思潮、新理念、新发展，又从微观层面聚焦农业技术的创新、粮食种植的新经验、农业创业的新方法，以及新农人个体的创造性劳动等，包括与农业密切相关的食品科技进步；既从产业层面为读者解读全球粮食与农业的大趋势，勾画出未来农业发展的总体方向和可行路径，又从企业、产品层面介绍国际知名农业企业经营管理制度和机制、农业项目运营经验等，以期增进读者对“三农”的全方位了解。

我们希望这套“世界新农”丛书，不仅对“三农”问题研究者、农业政策制定者和管理者、乡镇基层干部、农村技术支持单位、政府农业管理者等有参考价值，更希望这套丛书能对诸多相关大学的学科建设和人才培养有所启发。

我们由衷地希望这套丛书成为回乡创业者、新型农业经营主体、新农人，以及有志在农村立业的大学生的参考用书。

我们会用心做好这一套书，希望读者们喜欢。也欢迎读者加入，共同参与，一起为实现乡村振兴的美好蓝图努力。

前　言

本书是面向有心从事农业，但苦于没有从事农业的契机，以及对农业不太了解的人的入门书。

2016年，日本约有60150名新务农者。

如果只按49岁以下的新务农者统计人数的话，则是22050人。

但我相信，确实对农业感兴趣却苦于不知道从哪里着手的，肯定还大有人在。这些人只要知道了方法，就一定会试一试。

本书就是针对这一人群的入门书。

株式会社GRA是一家生产“MIGAKI ICHIGO”（一种被称为“食用宝石”的草莓品牌）的农产品公司，我作为该公司的法人代表，利用工作中获取的经验，在日本各地就农业经营进行讲演，并在电视节目《大地的拂晓》以及大众媒体上就各种主题进行了发言。

在多次演讲的过程中，我感受到，近年来，想要从事农业的日本人越来越多。

特别是有很多已经成家并正值壮年的人，希望改行从事农业。此外，还有很多公司想把农业作为一项新的业务来参与，重视程度也在不断提高。

当我的家乡宫城县山元町在2011年受到东日本大地震的影响后，我创办了株式会社GRA，并开始在那里种植草莓。

在此之前，我经营着一家IT公司（现在也并未辞职），对农业几乎一无所知。

当“决定开始从事农业”时，我发现“关于新就农的信息鱼龙混杂，让人感到极其不便”。

另外，你可能也有这种感觉，关于新就农的书很多都是类似于“我的成功故事”或是随笔那样的内容。当然，成功的前辈所说的话中有很多是值得学习的。但是，请允许我直言不讳，那些书的内容适用面不广也是事实。

那些书的作者们经历了一个试错的过程，最后在小批量、多样化生产或观光农场中获得了成功，但这并不意味着他们的方法就可以推荐给所有的人。

这就是为什么当我自己开始从事农业时，即便看了很多这方面的书也还是很迷茫，不知道该从哪里着手。

由于没有经验，我错过了一些只要事先申请就可以领到的补助金。

在本书中，我将告诉你从事农业所需要考虑的步骤，以便你规避我曾经历的艰难困苦。在一定程度上，本书适用于任何想要从事农业的人，具有通用性。

无论是个人还是公司，在关于从事农业方面的顾虑或疑问（也包括不知道从哪里着手），以及这些问题的解决方法上，都有很多共通之处。

像市面上众多有关新就农的书籍那样，基于自己的成功经验说“就做这个”那种直截了当地只推荐一种做法的话，可能会更容易理解。

像我这样“在农业领域做下去有许多方法”,“好好考虑你想要的工作方式和生活方式。如果它不适合你，只是单纯模仿别人的话，只会给你带来痛苦”的说法，也许听起来会觉得模棱两可。

但是我不想强加一种做事的方式。我希望读这本书的人能够了解如何去思考，并获得主动思考的能力。我希望跟我有这种共鸣的人来阅读本书。

其中，有已经准备好“开始干！”的人，也不乏有种种顾虑、踟躇不前的人。

其中，能否获得稳定的收入、从城市搬到农村能行吗，这些顾虑比较典型。

本书将先回答这些常见的问题，然后告诉你开始从事农业时需要掌握的要点。

从某种程度上说农业有高度的自由，因为你可以在一定程度上设计你将选择什么样的作物和作物类型，以及如何作业。

另外，我想大声说，从事农业有很多快乐是你在其他职业中无法得到的。

当然，与其他行业相比，我不能说这是一份轻松的工作，甚至有陷入意外陷阱的风险。

然而，你既可以选择对你来说没有痛苦的工作方式，又可以通过综合措施来降低大多数的风险。

出于这个原因，知道提前准备什么以及如何开始就尤为重要。你在开始从事农业之前所做的准备工作将对之后产生很大的影响。

另外，正如我将要详细写的那样，对农业有一个中长期的展望是非常重要的。无论你当下赚了多少钱，光是这一点还不足以被称为成功。最重要的是“如何持续下去”。可以毫不夸张地说，农业的乐趣和难度都集中在这一点上。

通过本书，你可以确认你想做农业的原因（做农业的目的），根据你想要的生活方式，在一定程度上缩小你的选择范围，并模拟出收益。

那么，现在就让我们开始决不放弃的农业吧。

目 录

第 1 部分
关于农业的常见疑问和担忧

第 2 部分

开始从事农业的 6 个步骤

第 3 部分

实践案例

国中秀树先生如何返乡务农

第 1 部分

关于农业的常见疑问和担忧

从事农业能赚到钱吗

▶ 不要被农民“表面上的低收入”所迷惑

从事农业能赚到钱吗？这是每个想从事农业的人绝对会关注的一点。

当然，即使用一句话说它“可以赚钱”，每个人所想象的画面也不尽相同。

到手收入是 300 万日元、600 万日元还是 1000 万日元，如果以企业的名义加入农业，对销售额的要求还要高出一或两位数的情况也都是存在的。

所以，答案只能是“视具体情况而定”。

但是，大家肯定不赞同这样的答案吧。

只是因为人们有一种“农民收入低”的既成印象，所以大家才会有顾虑：“从事农业是否可以赚钱，能生存得下去吗？”

我想说的一点是，农民的表面收入确实很低。

根据农林水产省的“农业经营情况统计表（1）”，平成二十八年（2016），销售农户（经营的耕地面积为 60 亩或以上，或在调查实施日期前一年的农产品销售金额为 50 万日元以上的农户）的农业年收入为 185 万日元。

主业农户（销售农户中，其农业收入大于非农业收入，一年里有 60 天以上从事自营农业，有 65 岁以下从事农业人员的农家）的农业年收入为 649 万日元。

当然，因为还有农业所得以外的其他来源的收入，最终销售农户的年收入为 521 万日元，主业农户的年收入为 788 万日元。

日本厚生劳动省的《全国生活基础调查》显示，平成二十七年（2015）日本每个家庭的平均收入为 545. 8 万日元。这就意味着，销售农户的收入低于国民家庭平均收入。

根据以上数据，有人认为，“个体农户每年靠农业获得的收入只有 180 万日元左右”，只有靠副业才能生存得下去。

然而，我认识的人里，有几乎每天都去烤肉店吃饭的农民。

如果他的收入很低，这样做不是很奇怪吗?

究其原因，是前辈农户把请后辈农户吃饭的费用都作为经费来处理。

虽然加入农业领域的企业在逐渐增多，但传统农户几乎都是作为个体经营者或者按照中小企业的形式来操作的。

人们在内心中，都不愿意支付更多的税金。

所以他们或者把花在吃喝上的钱按照经费报销，或者买一辆好车，把它算作公司的财产，借此故意降低收入。

个体经营的话，从收入（销售额）中扣除必要的经费开支后的金额算作实际所得。农业所得也是一样的。从“农业毛收益”（农场经营所获得的总收益）中扣除“农业管理费用”（经营农业产生的所有费用）后的金额才是农业所得。

所得也就是工薪阶层所谓的工资（实得工资）。根据这个所得金额来确定应缴纳的居民税等税金。

大型上市公司如果没有赚取大量的利润（销售额减去支出），就会受到股东们的攻击。

然而个体经营者或中小型企业，则因为不愿意交税，而倾向在结算的时候，通过申报大量的费用，试图使收入金额看起来很少。

不管怎样，“农民的收入低”，其实是“有很多人想让它看起来很低”，所以你要正确地来理解“农民的收入低”这句话。

正因如此，在农业界人们常试图根据减去费用之前的销售金额来谈论收入。然而，这使得行业外的人更难理解。

关于如何做利润模拟，我们将在第 2 部分详细讲解。请参考该部分内容，探讨“从事农业是否可以赚钱”吧。

表 1-1　农户收入的趋势（每个经营单位）

	2012 年	2013 年	2014 年	2015 年	2016 年
销售农户的总收入/万日元	476	473	456	496	521
农业收入/万日元	135	132	119	153	185
对农业的依赖程度/%	46. 3	46. 2	44. 7	50. 7	56. 8
主业农户的总收入/万日元	631	639	634	704	788
农业收入/万口元	502	505	499	558	649
对农业的依赖程度/%	92. 3	92. 3	92. 4	92. 8	93. 1

注：对农业的依赖程度＝农业收入/（农业收入+与农业生产有关的业务收入+非农业收入）× 100%，摘自农林水产省网站“农业经营情况统计表（1）”

种植的农作物卖不出去怎么办

▶ 在农业方面，只要你向市场批发出售，就不存在“完全卖不出去”的情况

尽管精心种植了农作物，却根本卖不出去，这种情况是否存在呢?

在农业方面，一部被称为《批发市场法》的法律规定了市场接受并销售生产产品的“接受义务（禁止拒绝寄售）”。

日本各地都有市场，包括筑地市场和太田市场（准确地说，有中央批发市场、农村批发市场，以及其他批发市场）。

这些市场有义务经销并寄售农民带来的产品。由于市场是一个中介，所以这并不意味着市场会把所有东西都买下来，但它确实意味着，只要你把产品带来，就可以找到一个给你的作物定价并销售它的业主。

因此，不存在“完全卖不出去”的情况，这是农产品不同于工业产品的一个优点。

就工业产品而言，当标准变得过时，就别无选择，只能丢弃旧产品。另外，在服务行业，如果没有客户，收入就是零。

然而，在农业方面，只要你把你的产品放到市场上，就可以卖掉它们。

不过，你可能会想，“即使他们说会以1日元的价格购买，但是我也不希望真的就卖1日元”或者“如果被低价购买的话，那我不就亏损了吗”。

当然，当一种低价的作物大丰收时，或者你在当季产品大量在市场流通时发货的话，有可能实际只能卖1日元或2日元。

但是，基本上，农作物是不会被这样乱定价的，通常在出售前就可以知道市场的大致价格。

在日本农林水产省的网站上，可以很容易地查到农作物的市场平均购买和出售价格。例如，你可以看一下该网站上的“水果和蔬菜批发市场调查”。

另外，在日本农林水产省的网站上，每单位面积的平均产量、出货量等数据都可以按照作物品种名称进行查阅。

也就是说，一旦你确定了农场大小（种植面积）和要生产的产品，就可以在一定程度上对销售额做出预测。

市场价格会根据你批发给哪个市场而上下浮动，你可以在互联网上查看每个市场的价格变动情况。你也可以从批发商那里获得信息。

▶ 直销和合约耕种都有各自的优点和缺点

当然，这并不意味着市场价格不存在波动。因此在向市场销售时，要制订一个“确切的销售额”的计划就变得很困难。

此外，还有一种方法可以由生产者一方决定价格，而不通过市场。这就是直接向消费者销售，或者与特定的企业签署合约，预先确定售价。

然而，建自己的店面、上门销售、在直销店寄售，或在互联网上销售，这些直接与消费者打交道的销售场合，就必须由你自己去开拓销售渠道。

在向市场销售的情况下，虽然你所要做的就是把产品带到市场上，但开拓销售渠道则需要与批发商和零售商交涉，或建立自己的网站，或进行库存管理安排送货，等等，工作会增加很多。如果雇用销售人员，还会产生人工费（顺便说一下，如果使用直销店则会产生手续费，我的农场附近的一家直销店的手续费是销售额的5%）。

另外，直销与你只负责生产、经销商负责市场的销售模式不同，会产生库存积压的风险。

合约耕种（合约农业）的情况怎么样呢？合约耕种的机制是在耕种前，农户和特定的个人或业主先就价格、数量和标准、装运时间，以及付款方式等谈好后再开始交货。

这种情况的好处是，因为销售价格是由合同固定下来的，所以农户更容易进行收益规划。

不过，因为必须达到买方要求的产量，所以一旦由于收成不好而无法交货，即便是从其他农户那里购买，也必须把农作物凑齐才行。

换句话说，你需要更加准确地做好出货量的预测。

近年来，还出现了一种选择使用非农协系列的分销平台。如与网上销售蔬菜的Oisix等企业签订收购合同（合约耕种类型）的模式，以及农户在网站上撰写博客，并通过此途径销售出农作物后，该服务网站向农户收取15%手续费的Pocket Marche（简称Pockemar）等。

社会上有不少农户持“不要向市场出售！太便宜！”“其他的销售渠道就足够了”等市场无用的论调。对他们来说，市场应该是一个让他们感觉不到任何好处的选择。

然而，当涉及那些大量生产的人们日常生活中必须消费的水果和蔬菜时，如果直接把它们从每个农户或农协运到餐厅等地方，将是相当低效的，有再多的运输商都不够用。

关于高质量的品牌蔬菜，在市场销售上并没有多大的优势，然而对那些大宗商品（一般的商品）而言，市场流通仍然是必要的。

也许是受市场无用论调的驱使，现在全日本有1万多个直销点。然而，直销点过多则导致本应该利用市场销售的产品不通过市场进行销售，而且出于直接销售的原因，又会加速通货紧缩问题的产生。

直销导致的通货紧缩是什么概念呢？当农民能够自己决定价格时，这意味着没有对市场和零售商具有“干预价值”的中间商（他们在物品的价值传递方面起作用），即批发商的参与。出于这个原因，不想让产品滞销的农户或把种植农作物作为爱好的人，会主动廉价出售产品。虽然批发商通常被视为“介于农民和零售商之间，收取佣金的坏存在”，但事实上，批发商向零售商和最终消费者（在超市购物的普通人）传达价值——这种质量水平的产品在每年的这个时候应该以这种水平定价，在产品定价方面发挥了作用。产品的价格应该等于“顾客感受到的价值”。而顾客应该支付与该价值相称的金额。然而，当农户自己确定价格时，最终农户之间会通过争先压价来互相竞争。

假设一个农户在低价销售，同一个直销市场中的其他农户如果打出起初设想的更高的价格的话，在同一个直销市场里自己的产品就会显得价格高，所以他们别无选择，就只能配合周围的价格也以较低的价格出售。

这样一来，总的趋势就是走向低单价销售，加剧通货紧缩。而“可以通过自己确定价格来保证利润”——这一直接销售的所谓好处就无法得以实现。

如果你想跟一家直销点做交易，就应该事先跟他们见面，先确认一下定价的行市。

我们刚才看到的情况可以归纳为以下几点：

- 如果你使用市场，就不会有“根本卖不出去”的困扰，相反的是，你不能自己决定价格。
- 如果你不使用市场，就可以自己掌握价格决定权，相应地，你必须自己开发销售渠道。
- 合约耕种的话，可以事先决定销售价格，相应地，你必须严格遵守发货数量和交货时间。

无论哪种选择，都有其优势和劣势。

农业是，根据你从事的目的（你是想赚钱还是想尽可能地增加你的自由时间……）和你想要的生活方式（我不想在冬天工作，所以我选择在春天、夏天和秋天就可以完成所有工作的作物……），你可以做出许多可能的组合方案。

农业，正是因为它有这样让你值得下功夫之处而乐趣无穷。

然而，有这么多的选择也是使更多人“不知道该从哪里开始考虑”的原因……

本书将在后文中依次告诉你需要考虑的程序和应该记住的要点。

如果天气导致作物歉收，会落得负债累累吗

▶ 如果出现全国性的农作物歉收，虽然产量会减少，但销售单价反而会上涨

有些人可能会担心，如果天气不好，作物产量减少，他们的收入就会急剧下降这个问题。

然而，只要你把农作物带到市场，它们就会被收购。

在全国性的产量减少的情况下，由于供需平衡的关系，价格是会上涨的。

歉收产品的价格会很高，而丰收产品的价格会很低——这是一个理所当然的事实吧。

因此，没有必要为生产量的轻微下降而担忧。

销售额=单价×数量

即使生产量（数量）减少，但因为价格（单价）会上涨，所以令人意外的是，收入也还说得过去。

但是，如果只是你的生产地区受到极端的寒流影响或巨大的台风直击等严重自然灾害，导致无法收获，这将给你的经营带来压力。

除该地区外，其他地区的收获量与往年相同，市场上的价格并不会有太大涨幅。就“单价 × 数量”而言，单价将与其他年份相同，只有数量会减少，所以销售额会减少。

可能一些人在想，说到底天气仍然是农业的一个重要风险因素。

然而，情况并不一定如此。

▶ 可以通过建造坚固的温室和购买保险来降低天气风险

如果你选择不易受天气影响的作物或建造坚固的大棚设施，就可以避免中长期风险。

当然，建造一个合适的温室会增加初始投资和每月的固定维护费用。

但是，在极少数情况下，可能会遇到更强大的气候异常，例如一场大雪摧毁了大棚设施，或者一场台风吹走了温室的情况。

遇到连大棚设施都会被破坏的极端天气时该怎么办？如果你购买了农业灾害保险或农业互助保险，那么你基本上是安全的。如果你没有保险，当然，就需要自己承担天气灾害产生的所有费用。

不过，无论是建大棚设施还是买保险，都需要花钱。

如果你不愿意这样做，或者你在收入低迷的年份也能应付过去，可以选择不增加成本顺其自然地去承受天气风险。

但是，如果你不想整天担心不可预测的天气，或者你不想有一个收入明显低迷的年份的话，最好去建大棚设施或购买保险，即使这样做会使你的开销多一些。

就 GRA 公司而言，我们没有购买保险，但花很多钱建造了坚固的温室设施。

顺便提一下，当遇到 2011 年东日本大地震那样的大型灾害时，几乎所有的日本农户都得到了补助金用以重新恢复耕作。

我们在这里总结一下：

- 即使气候多少会不稳定，但由于供需平衡的关系，价格会上升，所以即使生产量减少，也可以应付过去。
- 通过建造大棚设施和购买保险，可以降低天气风险。

因此，就是否会变得债务缠身，我们可以这样理解：

- 如果你只在农田种植作物，不建造温室，其他什么也不做，那就根本不需要很大的初始投资。

也就是说，你是在没有债务的情况下开始的，所以也不会负债累累。

在歉收的年份，你的销售额可能很小，但只要能够满足基本生活支出（或者你有储蓄）的话，你就可以应付过去。

对贷款投资大棚设施的农户来说，这本身就是采取了对付不良天气的对策，所以不会因为天气而负债累累。即使在一些自然灾害频发的年份，也会确保收获量稳定，能够顺利地偿还贷款。

经常有人问我："我必须在开始就农之前贷好款吗？"正如你们刚才所看到的，如果你不想花钱进行初始投资，也有不花钱的耕作方法。

不是说"一定要借钱来做才行"，但最好是借钱来建一个好的大棚这样的设施，只有这样才可能提高稳定性，进而更容易扩大你的收获量。

那么，有没有不用花钱做初期投资，工作量少也可以轻松收获，并且收入稳定的方法呢？或许会有人像这样专挑对自己有利的事情做……可我认为要找到这样的方法并不容易。

但是，用心钻研，想找到一种既能赚钱又不至于让你感到痛苦的耕作方法也并非不可能。这就是农业的有趣之处。

农协经常受到批评，是否最好不要加入呢

▶ 通过农协销售，商品单价会比自己去市场卖要高

媒体经常高呼："改革农协！"

因此，有些人可能会认为农协是腐败的象征，或者对其产生是一个用高额手续费宰割农民的坏组织的印象。

如果你在日本亚马逊等网上书店搜索"农协"，会发现批评农协的书籍总是出现在检索结果的前列，而为农协辩护的书却几乎搜索不到。

这就难怪还没有参与农业的人会有"农协 = 邪恶"的印象了。

然而，在农村地区农协发挥的作用是非常重要的。

例如，当我们把收获的农作物卖到市场时，如果通过农协，价格往往比我们单独去市场卖要高。

这是因为通过农协向市场销售，可以发挥产地效应。市场方往往有一种"某某产地的产品的话，可以出这个价钱（ = 这个农协的农作物值这个价钱）"的心理。

农协只向市场出售符合他们自我设定的标准的产品。与突然冒出来的不知名的个人生产的农产品相比，农协的农产品是有最低限度质量保证的。因为市场知道这一点，所以他们对农

协带来的产品定价更高。

从农协的角度来看，假如对某个农民交来的不良产品不加限制，直接拿去市场卖的话，那么整个生产区的产品印象都会大打折扣。正是因为有这样的压力，所以他们更会好好地做质量管理。

此外，与个人相比，农协能够以更稳定的方式为市场带来超过一定数量的批量（数量）。市场欢迎农协拥有的这种规模优势，并使其反映在他们给予的优惠定价上。

出于这些原因，通过农协销售往往比个人或中小型农业法人自己去市场上销售价格更高。

▶ 农户、农协和市场之间的关系

接下来我会详细地解释一下农户、农协和市场之间的关系。

首先，农户们组成一个“生产部门会”，即属于农协的农户们的发货部门会。他们通过发货部门会自主制订作物质量的标准。

假设我们通过这个部门向市场销售草莓，每个农协会根据自己的名称（我家乡的农协名叫“JA 宫城亘理”）进行产品的品牌化。然后，他们与日本各地的市场进行发货数量的交涉。

交涉成功后，以产地为单位建立的农协部门会集体向市场发货。

那么，这些产品的交易会如何在市场上进行呢？

一种交易方式是 “相对交易”，就是农协根据以往的业绩等，与市场（批发商）一起控制发货数量和价格。而中间商则在市场中批发货物，然后，把采购的货物进一步出售给零售商（超市或餐饮店）。

市场（批发商）和中间商均事先交涉好大致的交易数量，具体的数量和价格则往往是在当天看到实际产品后再作决定的。

另一种交易方式是“竞价交易（拍卖）”。 数量过多的产品，或者虽然稀奇却乏人问津的产品，会被送去通过拍卖来定价。

我想看到这里你可能会明白：农户通过农协将其产品“发货”到市场，但并不是“出售”给农协。农协把所有产品“发货”到市场，是由市场的下游中间商或者来市场竞买的人买走这些产品。

与个人单独销售到市场比，农协会帮助农户们找到好的买家，卖出好价格。这就是农协的干预价值。

衡量一个农协是否优秀的标准就在于此。与个人直接去找批发商比，通过农协可以卖到更高的价格。即使需要向农协支付手续费，也可以让你获得比所支付的手续费更多利润的农协，就是优秀的农协。之所以价格卖得高是源自市场对该产品是“有质量保证的产品”的信赖。

然而，任何事物都有两面性。越是“优秀的农协”，有时就越封闭。

一个允许任何农户加入的农协，虽然可以运营大宗的产品，但其产品质量难以保证。而这将削弱他们以高价向市场销售产品的能力。

相反，不轻易允许新农户加入的农协，可以以更高的价格出售老会员的产品。他们通过建立严格的规章制度和健全的联合选果点来确保产品的质量，或者在外包装的设计上下功夫，使其更具吸引力。

那么，农协是如何保证其产品质量的呢？他们会从自己的农户中挑选"品质管理委员"，然后建立一个农户之间相互监控产品质量的系统。对农户把品质不达标的草莓摆放在包装盒的底部之类投机取巧的事，会处以警告处分，甚至是除名处理。

从新农户的角度来看，这看似一种排他性的做法，但为了实现"确保质量，以在市场上卖出高价"，这种做法在一定程度上是不可避免的。一旦你能成为他们中的一员，他们就会成为你强大的合作伙伴。

即使有人批评农协"封闭"、"守旧"或"收费太高"，我们也应该仔细去看看为什么他们封闭，为什么他们要收取那么高的手续费。

说到手续费，对于通过农协销售而获得的销售额，单位农协（在市町村一级组织的农协）和JA全农（日本农业协同组合联合会）会收取共计8%左右的手续费。

批发市场收取的代售手续费，因市场而异，同时也因蔬菜、水果和花卉等产品类型而不同，就蔬菜和水果而言，通常在7%~8.5%。

也就是说，JA全体手续费是8%，市场代售手续费是8%，合计会产生 16%左右的手续费。

你可能会想："什么？如果我卖出 1000 万日元，就必须支付 160 万日元的手续费？向农协就得支付 80 万日元？"然而，农协带给你的收益要远大于你支付的手续费。

如果没有农协，大多数农户将无法销售他们的产品，因为他们与批发商之间的议价能力很弱。中小农户聚在一起，并把大量产品带到市场上的话，才会得到买家更好的对待。因此，绝不能小看农协的干预价值。

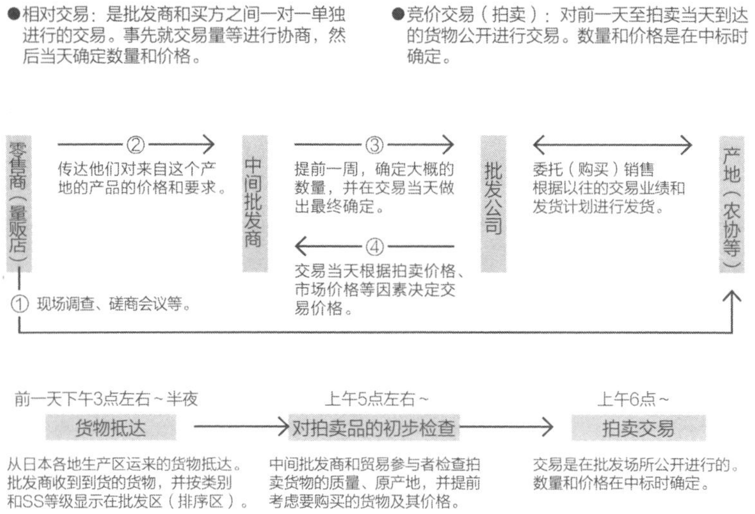

图 1-1　相对交易和竞价交易（拍卖）的流程

（摘自农林水产省网站："确保公平合理的交易"）

▶ 不同的农协有不同的规则

一些农协的小组委员会规定，如果农户选择通过农协向市场销售的话，就不能再通过农协以外的渠道（比如直接销售）销售产品。

从农民的角度来看，他们会很感激可以通过农协以理想的市场价格出售部分产品，并通过自己开拓的销售渠道再以更高的价格出售部分产品，这种可以对冲经营风险的做法。但是有些时候，他们会被告知："不可以这样做。"

这让农协看起来很保守，这也是他们受到批判的原因之一吧。

但是，站在农协的立场上考虑的话，如果"把质量好的产品拿去高价直销，把质量差的产品拿来农协"这样的人越多，农协就越难维持产品的质量。

这就是为什么我们说，必须在"通过农协往市场上销售""自己开拓直销渠道"之间做出一个选择。

正如我前面提到的，农协拥有一个强大的运输网络。个人的话能开拓出同样的运输网吗？

没加入农协的卖家在农协建设的选果点擅自出售产品的话，农协自然会说："喂！你是谁？"没有人会善言相待不支付费用的"免费搭车者"。通常，农协给人的印象是"作为公共实体而存在的"，但就算是农协，如果没有利润，也是无法生存的。

当然，不强行要求在"通过农协往市场上销售"和"自己开拓直销渠道"之间做出选择，允许两者都采用的相对宽松的农协小组委员会也是有的。

每个农协对此都有不同的规则。因此，在你开始从事农业之前，最好事先向当地农协负责新就农业务的负责人了解清楚具体规则。

我们GRA公司所在的宫城县山元町，草莓小组委员会只有“通过或不通过农协向市场出售”这样100%或者0%的选择。七成通过农协销售，三成通过直销销售，这种做法是不被允许的。

顺便说一下，我们GRA公司所作的选择是不通过农协销售。

只要把你生产的东西交给农协就万事大吉了，这样做很容易。

而从头开始建立销售渠道真的是非常困难。

仅仅从选择了哪个销售渠道这一点来判断哪种方式更好，是没有意义的。

这些都和经营者的“做农业本来的目的”以及事业的整体战略关联紧密。

在这里，我对GRA公司为什么不通过农协销售不作详述。简而言之，我们认为在消费者和生产者之间进行直接接触很重要。

不过，因为没有直接的利益冲突，所以我可以反复地强调：通过农协销售并不是一个坏的选择。可以毫不夸张地说，没有他们，农村地区就不会存在。

一个来自城市的人移居农村能生存下去吗

▶ 你不可能三天两头地更换土地

如果你在农业领域创业或成为农业法人的话，能在城市的郊区工作是很罕见的。

在大多数情况下，你都得去乡下。

因此，知道你将在什么样的地方工作，以及如何设计你在农村的生活方式，是非常重要的。

例如，如果现在在城市的 A 先生想种植西瓜，通常情况下，他不会去不种植西瓜的地区，对吧？

理所当然地，A 先生应该去一个气候有利于生长西瓜的地方。更进一步说，应该先从已经是西瓜的产地开始考虑。而换成是草莓的话，就应该去宫城、栃木或福冈交流了解情况。

如果你去一个不是某种作物生产区的地方，不管是当地农户还是政府都没有该作物的相关信息，那你未来的经营会很艰难。因此如果你有想耕种的作物，参观该作物的产地是非常重要的。

还有很重要的一点，农业是靠租用的土地来进行的，即使你不喜欢这块土地了，也不能像换办公室一样轻易地换地方。

当然，其中也有“因为不喜欢麻烦的人际关系束缚，想从现在的公司辞职，转而从事与土地打交道的农业工作”的人。

如果你是在一家公司工作，即使是在同一个行业中，只要更换工作的话就可以去一个不同的环境。然而就农业而言，土地才是基础。

因此，仅仅因为觉得“在这块土地上很难做下去”，就想重新找到另一块土地，并不是那么容易的。

▶ 让当地的知名人士或农业传奇人物站在你这边

就我而言，我创办了 GRA 公司的宫城县山元町，原本就是我的家乡。

所以我想，这就是我对到农村就农和生活的挫折感比较小的原因。

然而，我是在离开家乡近 20 年后，以“东日本大地震”为契机返乡的。对于周围的农民来说，我应该就是近似于“外人”或新农民的存在。

然而，我是以一种新的思维方式开始的农业，因此不必过多地考虑和既存势力的协调的问题，这一点很好。

在创业的过程中，我也真切地感受到，掌握在地缘、血缘的束缚中做下去的技巧是很必要的。

建立关系是你作为农民的必备技能之一。

但是，你也不必想得那么复杂。

在农村开始农业时，最重要的是要让当地的名人或农业传奇人物站在你这边。

具体来说，你要先去市町村的农政课。

农业是一个受以《农业用地法》为首的农业相关法律限制或监管的行业。因此，你需要与当地政府搞好关系。

租用或购买农田时，你必须获得在市町村设置的行政委员会“农业委员会”的批准（许可）。该委员会是日本每个市镇的行政委员会（其他的行政委员会，还有教育委员会等），你需要向它提交你的经营计划。

（另外，我在前面提到了农协，但针对土地的使用时，不会被问到是否加入农协。决定出租与不出租农田的人和农协不是一体的。）

话虽这么说，但贸然提交计划是不切实际的。我认为请农政课的人把你介绍给在当地担任农业委员的农民，向其征求意见是个好主意。

虽然农业委员是一个土地的中介或进行斡旋的官方职务，但他们不是政府官员，而是农民的代表。他们对土地很熟悉，知道什么样的土地在该地区有着怎样的流通。因此与这些农业委员进行详细的沟通交流非常重要。

即使不是农业委员，农村肯定也存在有头有脸的人物，你可以去和他们交流。

不借用任何人的力量，单枪匹马地闯入一个没有地缘或血缘关系的地方，是一种“自杀”行为。首先，你会租不到土地（我接下来会讲到这一点）。

如果你考虑的是“挑战新型农业”，想取得大的突破，就更应该想办法联系上当地有影响力的人，跟他们深入沟通。

你可能认为这很麻烦，但请换位思考一下。

当外面的人来到你的社区，你自然会关心他们将如何使用你社区的土地，以及他们是什么样的人。

你甚至还可能会警惕来的会不会是一个邪教组织。

所以让当地人了解你这个人是你进入农业界的一个仪式。

就像你向银行借钱时需要遵循一定的程序一样，当你开始就农时，你需要获得当地人的信任。

租用或购买农用地真的很难吗

▶ 有可能因为没能确保农用地而无法开始从事农业

对新务农者来说，最困难的事情是确保农用地，也就是土地。

除非你有来自家族的继承土地，或亲戚、朋友、熟人转让的土地权，但若你完全没有这样的关系，那么说实话，我认为你会有一段艰难的日子。

事实上，人们因为找不到土地而无法开始从事农业的情况并不少见。

租用土地是非常困难的。当然，购买就更难了。

如果没有可靠的来源或官方中介，如当地人的介绍或政府的协调，是很难租买到土地的。

正如我前面提到的，在不了解一个人的底细时，当地人一般是不会把土地租借给你的。因为他们不希望你利用土地做一些不好的事情或种一些不好的东西。

即使是一个具有体面背景的公司，如果它不是一个扎根于该地区的公司，而是来自外部的公司，租借到土地的难度也很高。

一旦签订了土地租赁合同，在合同期内，承租人就比土地所有者的权利更强大。

我认为这是“二战”后的日本法律是为了改变战前地主太强、小农太弱的状况而制订的缘故。

如果出租方出现“我不干了，快点退还土地”这种情况，租用方会很麻烦。“二战”后相关法律就是为了防止这种情况的发生。

这就使得出租方变得很谨慎。

事实上，在我们租用的第一块土地上也遇到了非常麻烦的情况。那块地的地主是个有点怪的人，未经允许就跑到我们建的大棚里，不是摘草莓就是什么也不说突然开始种葱……我不知道去找他谈了多少次。

当然，从法律上讲，他不能因为自己是出租方就这样做，但因为我们是租人家的地，初来乍到，抱怨太多的话也不好，所以就忍了一段时间。

最后，当找到另一块土地之后，我们就放弃了那块土地。虽然在原来那块地上我们还花钱挖了一口井……现在原主人正在使用那口井。

如果土地选择失败，就会发生这种不愉快的事情。

▶ 尽管有很多弃耕耕地，却还是很难获批农用地的理由

你可能会想：“话虽如此，但新闻经常报道弃耕农田很多，为什么田地还不够用？”

往往被遗弃的田地不是土地贫瘠，就是交通不便，多是“因为难以耕耘，所以被弃耕”。

正在被好好使用着的优良的土地，往往是众人争抢的对象。

在露地栽培中，作物是在地上生长的，因此土地的条件自然变得很重要。

如果你是想租一小块地，多品种耕种自己喜欢的蔬菜，并且想在山村里闭门生活的人，只需引来灌溉用水就可以做得到。

但如果你是想做先进的高科技农业，就需要确保有业务用的电力基础设施而非家庭用的。当然，通信基础设施（手机信号，或者 Wi-Fi 信号）也很重要。那样的话，在山区里可能就很难实现。

说交通便利并且适合耕种的农田已经没有了的话，会有一些夸张，但将这样的地弄到手的确不是一件容易的事。

实际上，在我们的新就农支援项目中，也是通过带着 GRA 在宫城县和印度的成功案例往其他地区派遣王牌级别的员工，才帮他们租到了农田。

这就是为什么需要和当地关键人物建立起良好的关系。如果没有这些人际关系，你需要从加入一个可以建立这种关系的学校或社区，或者去农业法人就职，又或者从去给有名的农民当学徒开始。

另外，租下一块土地并不意味着你就可以随心所欲地大干一番。

通过查看日本《粮食、农业和农村基本法》和《农业用地法》的条文，你会发现这些法律的存在意义和目的是保护农田和农村地区。不可以随意地改变农村地区的景观、气氛和文化是《农业用地法》的基本要求。

既然法律考虑到了这一点，那么就不可避免地会有大量的相关规定。

当然，法律应该随着时代的发展而改变。但至少在目前，比如不能肆无忌惮地建造温室或玻璃房等，日本还有着林林总总的规定。

谈到确保农田，我们不能轻言“不用担心”。

但是，如果你认真寻找方法的话，还是可以找得到的。

仍然需要很多年的“修炼”吗

▶ 获得农业耕作知识和技术需要时间，是因为植物不可能高速培育

一提到新就农，你可能会有一个“几年内都是花费多的赤字状态”，或者“要掌握农作物的栽培方法，你必须像学徒一样住在前辈农民家里特训几年”的印象。

你会觉得如果步入正轨需要那么长时间，根本就无法说服家人同意“从事农业”。因为没有任何家人听到“好几年都不会赚钱”，还会为你高兴。

至于支出是否会太多的问题，我在前面已经提到，这取决于你对作物的选择以及你要花费多少初期费用。

现在让我们来谈谈需要很长时间才能获得农耕技术的话题。

为什么农业的启动就需要这么长的时间呢？

原因就在于农业的周期很长。

周期是指从业务的开始一直到最后，从启动一直到所有的工序全部完成，这一整个过程的时间段。

同任何事情一样，你练习得越多，就越能掌握它，对吧？如果一个人只练习了 1 次，而另一个人练习了 100 次，那么练习了 100 次的人肯定会更容易掌握技巧。同理，你做的试验和经历的错误越多，你能做好的概率就会越高。

而在农业方面，完成这样一个周期的练习是需要很长时间的。

例如，在草莓种植业中，从种植母株到收获结束大约需要 20 个月。

完成一个周期大约需要 2 年时间。

如果用传统的学习方法，要从头到尾掌握整个收获方法，无论如何都需要 3~4 年的时间。在这个基础上，要想上升一个高度，“成为一名合格的农民的话，需要 10 年的时间”也是理所当然的。

然而，农业教育属于经验主义和实地主义的教育。

当然，实地的知识是很重要的。

速度是用金钱买不到的。植物有一个绝对的生长时间，无法做到催长。就草莓而言，一个生产周期就需要 20 个月的时间。

新务农者成功的关键是如何使用不同的方法来快速学习相关农业知识。无论你是个人还是农业法人。

▶ 向已经掌握了耕作知识的人和团体学习会更有效

你一定会想：“什么？不是说无法快速促长吗？”

的确，无论你是什么样的专家，都无法让作物快速成长。

但专家们知道如何更好地培育作物的方法。

换句话说，跟有这种知识的人，或去可以分享这种知识的地方学习才是捷径。

你想过“那是一个什么样的地方”吗？

例如，种草莓的话，那么那个地方就是我们 GRA 公司（抱歉这么直白）。

在 GRA，我们有一个新就农支援项目，会在一年内教授所有的草莓生产知识。

支援项目完成之后，如果你有忘记的地方、有想了解的地方，或者不明白的地方，还可以无限次地观看我们的视频讲座。

因为到目前为止这个项目才开到第二期，所以受训者的总数是在 10 组上下。然而，这些人虽然还处于准备独立阶段或是还在研修中，但重要的是，每年的成果都会被积累下去。

在团体中学习可以为你“买”到很多时间。

我所说的“买时间”是什么意思呢？

这意味着你可以从前辈或同期的伙伴的方法或数据中学到：“原来如此，原来是这样做的呀！”这就是为什么如果你自己做需要 10 年时间才能完成，现在只要 1 年就可以完成。而且技术诀窍和数据会逐年积累，并传授给下一年的受训者。

作为“如果步入正轨需要 10 年，就做不到辞职就农”的人，你需要在这样的团体中建立一个快速学习的体系，或者加入到一个已经有体系的地方。

不一定必须是我们的新就农学校。在日本全国 42 个道府县都有农业大学。你还可以在脸书（Facebook）等社交网站上找到各地区的学习小组和社区。

当然，如果你是“不介意一年收入只有150万日元。时间有的是”的人，你可以不依靠这种地方，自己慢慢来就行。

很多人说，“与自然打交道，很多方面都是无法控制的”“农业是无法用语言表达的手工作业，必须自己反复尝试”，然而，这并不意味着一切都无法控制，也不意味着你必须一切亲力亲为才能掌握培育知识。

▶ 收集所有你能收集到的数据

即使不去专门学习农业的地方学习，你也可以通过划分出一块土地，尝试不同的施肥和浇水模式，来一次性获得很多经验和信息。需要注意的是，这里不是让你对现有的整块农场都使用同样的方法。

我再强调一遍：金钱是无法买到植物的绝对生长时间的。

万一你错过了信息获取的时机，那就要再花一两年时间。如果不能以“收集所有你能得到的数据”的意识来收集数据，你就做不了高精度的农业。

当然，根据作物的不同，应该收集的信息和能够收集得到的信息都是不同的。

最好不要依赖补助金，对吗

▶ 不用补助金的话，竞争不过那些使用补助金的农民

补助金（补贴）的好与坏，是被谈论最多的话题。

然而，农户应该接受他们能得到的所有补助金。

这是因为无论是补助金，还是银行的钱，又或是投资者的钱，钱就是钱。

谈到融资，通常被谈论最多的都是向银行借款或发行股票向投资者筹集资金这两种选择。然而，在农业方面，补助金是很重要的。

能很好地使用补助金的农家更能够向市场输送具有价格竞争力的作物。

如果建造一栋温室大棚需要 1000 万日元，不需要偿还的补助金占 50%（500 万日元），那么你只需要 500 万日元的自有资金就可以做到。

想一想吧。

如果不使用补助金，你就必须自掏腰包支付 1000 万日元来种植农作物。

而使用补助金的人，有 500 万日元的话就可以种植农作物。

最后谁的农作物能卖得更便宜呢?

或者，如果以同样的价格出售，谁会赚得更多?

必然是接受了补助金的那一方，对吧?

（除此以外，还涉及在财务核算上非常重要的“设施折旧费”，但这有点复杂，所以我把它放在后面再讲。）

换句话说，如果没有得到补助金，你就会在与那些得到补助金的人的竞争中失败。

有些人会认为，“依赖补助金的农民不是好农民”。但从农民的角度来看，这只是筹集资金的手段之一而已。因此没有拿补助金的事实没有什么值得骄傲的。

大多数补助金是不需要偿还的，或者算是借的但不需要支付利息或利息很少。

如果从银行借钱，你必须连本带利地偿还；如果通过发行股票筹集资金，投资者会要求你提高股票的价值（提高企业价值）。

像这样筹集资金的一方必须支付的成本（比如向银行支付的利息或向投资者支付的款项）被称为“融资成本”或“资本成本”。补助金的融资成本最低。作为一个经营者，你应该尽可能地去争取融资成本低的资金。

▶ 如果想知道你可以使用什么样的补助金，就去咨询窗口吧

但是，就算你开始觉得“好吧，那我们就尽量多拿点吧”，想要自己去调查关于补助金的情况是非常困难的。

补助金有许多类型，哪种是你可以申请的、都需要什么样

的手续，这些在互联网上是很难轻易就查得到的。

因此，你首先应该去咨询主管部门（如日本农林水产省等），如果你今后是要开始耕作的话，就去当地相关政府机构——首先是农政课咨询吧。他们会给你提供关于补助金的建议。

政策性的补助金变化非常大，它可能会突然出现或消失，或者申请条件发生改变，所以旧的信息是不可靠的。你一定要去掌握最新政策的窗口咨询。

在我开始从事农业的时候，就是因为没有那样做，所以蒙受了损失。

我那时根本没有想到，会有可以支付一半的设备投资费用，用于建造设施的补助金的存在。不过在我开始就农后，倒是知道了可以从“农业下一代人才投资资金”（旧称“青年就农补助金”）中获得每年最高150万日元的资金。

该农业下一代人才投资资金有“准备型”和“经营开始型”两种类型。

“准备型”资金是在从事农业的准备期间内可以获得的。原则上年龄在45岁以下，最长可以获得2年，每年150万日元的生活资金。但是，如果你最终没有从事农业，就要归还全部款项。

“经营开始型”资金是刚刚开始就农的人可以获得的。从开始务农到经营稳定为止，最长5年，每年最高可以获得150万日元的资金。当申请人在上一年度的收入超过350万日元后，就停止发放。

这就意味着新务农者可以获得最长 7 年的不需要偿还的资金补助。

有不少人就是冲着这个补助金才想要开始搞农业的，其中也不乏开始 5 年后就退出的“补助金的断供日就是农业的结束日”那样的人。

我认为我们应该利用所有能够利用的资源，即使是像这样的生活补助型资金。出现不适合从事农业的人，或者不擅长管理的人，是一个概率问题，有其无能为力的一面。但是，如果不去真正尝试一下，我们就无法知道这一点。所以我认为，降低就农入门的难度，对于扩大农业人口的范围是件好事。

另外，如果想利用我在前面提到的，农林水产省的每年发放 150 万日元的“农业下一代人才投资资金（经营开始型）”项目，或“针对新务农者的无利息资金制度（青年等就农资金）”，需要先获得“新务农者认定”资格。

针对认定的新务农者，政府部门的农政课和县里的普及指导中心的职员还会共同提供支持服务。

那么，都有什么样的认定标准呢？首先会问你“是在哪里的农业法人接受的培训”。要想获得认定，“这个人是否能踏踏实实地种植出农作物，并且是否能销售得出去”是审查的重点。

因此，对于那些想开始从事农业的人来说，重要的是要到有技术和业绩的农业法人那里去接受培训。虽说是“培训”，但并非有着官方认可的制度，也就是普通的劳作（有些公司有为期 1~2 年的培训项目）。

和衡量每个生产项目的“每千克的售价多少，单位面积的生产量差不多为这个数量”的市场平均水平比，有着同等程度或者在其之上良好业绩的农业法人研修过的人，更容易获得新务农者的认定。

需要注意的是，有些补助金只接受事前申请，事后申请不能给予发放。我们谈论的不是几千或几万日元，而是数百万日元，因此要对补助金保持高度的敏感。

然而，使用这种公共资金增加了准备申请文件和撰写报告所需的时间和精力。最好事先掌握在这方面需要花费多少工时。

你需要避免和其他工作冲撞，导致忙不过来的情况发生。

不过，大多数补助金基本上都是一年的，“一旦拿到就结束了”，所以即使提供补助金的组织的人偶尔来找你，通常也只需要和他们谈谈就行了。

虽然那些不喜欢做文书工作或不喜欢记账的人会认为申请补助金是一件极其烦琐的事情（我不否认的确很乏味），但我还是认为没有多少事情是那么难的。

有机农业是否更好

▶ 没有关于“有机”或“organic”的具体定义

有机农业、有机种植、有机……其实，这些都是没有明确定义的词语。为什么说“有机”这个词没有明确的规定，因为有机农业是完全不使用农药，还是只用经过认证的农药，对这一点的看法往往因人而异。

我无意阻止任何想“走有机路线”的人，但我认为最好先弄清楚你要去做的这件事会有多难。

更重要的是，你首先需要确定你为什么要搞有机。

我不建议仅仅因为“有机对环境有好处”就这样做。过去暂且不说，至少现在，如果使用法律规定的范围内的化肥和杀虫剂，我不认为这会对地球或人体产生巨大的负面影响。

▶ 想要通过有机农业赚钱，必须确保销售渠道

“种有机作物看起来更赚钱。”

最近，似乎一些人有这样的想法。

然而，为了从有机农业中获利，你需要先有一个获利的计划。

当然，如果是有机种植，单位面积或工时（种植所需的时间和精力）的产量要比非有机种植低。不使用杀虫剂的话，需要花费更多时间和精力来处理杂草，而如果生了虫子，卖不出去的产品就会增多。

这就意味着，由于生产量的减少，你必须建立一个可以高价销售的渠道。

在通过农协向市场销售的方式里，产品是否为有机产品并不被考虑在内。农协基本上都是以相同的价格来收货，不会出高价买有机产品。

如果没有高价销售的前景，收获量又会减少，是不可能“通过有机农业获利”的。换句话说，你必须配套考虑确保销售渠道。

坦率地说，我个人认为有机的东西并没有宣传的那么好。

在欧美，流行把很多作物都贴上“有机”的标签。归根结底，有机热潮是发达国家的那些富人搞出来的。这么说可能有些人会不爱听，但我就是这么认为的。

放眼世界，有一大半的国家不是连当天吃的食物都没有，就是土地荒凉、贫瘠到无法耕种农作物。因此，如果“地球上所有的作物都应该有机种植”，地球上食物的产量将不能满足人类的生存所需。

在提倡“有机食品对环境更好”或“有机食品对身体更健康”之前，我认为应该想象如何增加粮食生产，消除世界上的饥荒。我个人并不认为有机就万岁。

另外，对一些地区的有机咖啡或蔬菜，多出来的工时是通过让童工或移民过度劳作来支撑的。例如，在印度，有机种植是通过让工人或儿童愿意做每天只有几百日元报酬的拔草工作来实现的（当然，这不是我们 GRA 的情况，我的意思是有这样的企业存在）。

不过，因为在日本国内有规模不小的有机产品需求市场，所以我不否认这方面有商业机会。另外，我也无意对那些有某种雄心壮志、想要挑战有机农业的人泼冷水。

然而，对立志“要做有机”的人，不要变成那些卖乱七八糟的奇怪肥料的供应商的冤大头。所以，一定要小心。

有人说不使用杀虫剂、化肥，也不割草的“自然农法”好，那才是使地球可持续发展的唯一途径。如果是拥有大量土地，并且不用担心产量问题，那么那种耕作方法也是可行的。

因为这不是一个商机问题，而是一个意识形态的问题。在此我就不多说了。

无论你做哪种选择，请农业经营者不要忽视其作为一个商业行为是否成立这一点。

如果追求有机、无农药和自然农法的结果，是收获量少得可怜又完全卖不出去，只是在成本上的开销很大，那就不好了。

如果将农业作为一项事业，

- 花费成本是多少？
- 这种作物在市场上的销售价格是多少？
- 这种方法是否具有可持续性？（因为有一些耕作方法，会

使地力在几年内枯竭，所以需要小心）

这几点是需要衡量一下的。

不仅仅是农业，任何商机，都是一个由多个变量组成的方程式。

因此，最好不要看到一个选择就急于做出决定。

种哪些农作物能够赚钱

▶ 生产难度较大的农作物的单价很高，而容易生产的农作物的单价则很低

很多人都会关心种哪些农作物能够赚钱。

自从创立 GRA 以来，我在很多地方办了讲座和研讨会，在提问环节被问到“种草莓能赚钱吗”“种西红柿能赚钱吗”这样的问题不下 100 万回。

农产品的话，需要大量工时生产的农作物，会在市场上卖出合理的好价钱。

这就意味着，生产产品所需的时间和精力越多，价格就越高。

相反，可以相对容易地大量生产的农作物，例如豆芽，其单价就很低。

有一些农作物的价格大多由国家政策控制，比如大米，因此属于例外，我们在这里不作讨论。

大多数农作物的价格是由市场原则和供需平衡决定的。难种植、受欢迎的蔬菜和水果比较昂贵；容易种植的，基本上就很便宜。

换句话说，无论你选择哪种农作物，每工时的销售单价实

际上并没有那么大的变化。

所以基本上，我认为种你想种的农作物就可以了。

如果你想花大量的时间和精力种植，再以高价出售某种农作物，那你就去种植那些农作物好了。

如果你不擅长细致的工作，那就去种植一些相对容易种植的农作物，单价虽低但能大量出售即可。

▶ 要看清哪些农作物和种植模式可以通过规模经济受益

不过，在选择你要种植的农作物时，看清其是否可以实现规模经济这点很重要。

从这里开始，我们要谈的话题对于那些不熟悉经济的人来说会有点困难，但都是非常重要的内容，所以请大家尽量跟上。

规模经济意味着，当你生产大量产品时，你的投资会变得更有效率。

但这不等于单纯地说："卖出 1 万个比卖出 100 个更有效率。"

成本（费用）有初期投资费用和运行费用两种，也就是最开始时花费的费用和定期花费的费用。

建筑物的费用是初期投资费用。

当你开始使用建筑物时，每个月产生的水电费则是运行费用。

运行费用进一步分为可变成本和固定成本（图 1-2）。

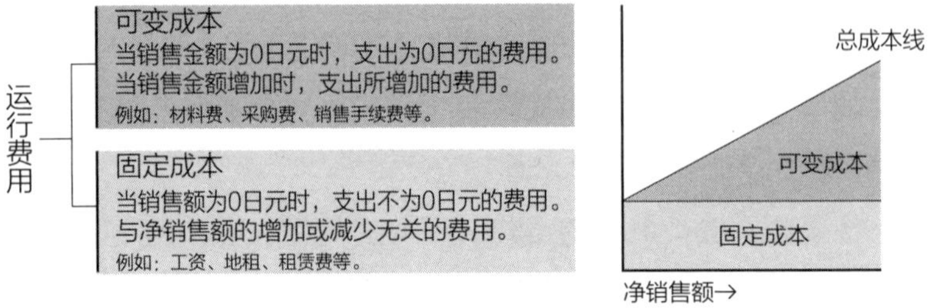

图 1-2　运行费用

可变成本是那些与销售一起增加的成本。例如你的事业是经营一个视频网站，那么随着用户访问量的增加，服务器的使用费用也会增加。

固定成本则是不管销售如何都绝对会产生的费用，房租就是一个很好的例子。

无论规模经济是否奏效，也无论企业的规模是大是小，初期投资和固定成本是肯定会产生的费用。

这就意味着，如果是规模经济起作用的事业，那么事业规模越大，投资的效率就越高（利润越高）。

这是什么意思呢？

例如，无论你是种植 1 公顷的农田还是 100 公顷的农田，都会需要一台拖拉机（假设只需要一台拖拉机就足够的话）。

购买拖拉机的钱是绝对需要的。

假设需要 100 万日元来购买，而每月的维护费用是 1 万日元。

如果每公顷田地可以获得 100 个作物，那么 100 公顷就可以生产 1 万个作物。

现在，让我们考虑一下每个作物的成本（拖拉机成本）。

与其将100万日元除以100，不如将其除以1万，这样可以降低每个的单位成本，对吧?

这是一个说明大规模生产可以使投资效率变高（规模效益起作用）的例子。

如果一个能生产1万个农作物的农民比一个只能生产100个农作物的农民的单位成本要低，那么，在以相同价格销售时，能生产大量作物的农民将会有更大的利润率。假设生产100个农作物的农民的成本价格是50日元，而生产1万个农作物的农民的成本价格是30日元，如果以200日元的价格出售，每个农作物就会产生20日元的利润差距。

另外，当遇到低价销售竞争的时候，能够以较低的价格生产的农民更具有优势。换句更极端的话来说，万一不得不以一个50日元的价格出售，成本为50日元的农民获利就是0，但成本为30日元的农民则有20日元盈利。

我再举个规模经济不起作用的例子吧。

一个典型的农作物就是草莓。

草莓不能用机器采摘，必须用手一个一个地采摘。因此为了栽培和收获大量的草莓，就需要大量的人手（人工费）。

这种所谓的劳动密集型（一种高度依赖劳动力的事业类型）事业，即使是大型公司的大型资本，也没有多少利益可言。

这是因为，并不是投入大量资金就能比小农户更有效率、生产成本更低、利润更高。这只是单纯地能够大量生产而已。

相反，劳动密集型（可变成本）的农作物，即使是小农也容易与大公司竞争。不管是个人还是大公司，如果生产成本（花费的成本）没什么差别的话，那么即使搞价格竞争，对大公司也未必特别有利。

准确地说，规模经济有“制造成本降低的效应”和“销售管理费用降低的效应”两种类型。上面提到的拖拉机是一个减少生产产品直接需要的“制造成本”的例子。事实上，即使是那些在制造成本阶段不能从规模经济中获益的作物，销售管理费用一般也会减少。以草莓为例，广告或者管理部门费用（如会计人员）等，销售管理成本不会随着企业规模的扩大而翻倍。然而，通过扩大规模，可以使制造成本降低的作物比只有销售管理成本降低的作物获得更好的经营效率。

因此，弄清楚你要开始种植的农作物是否是规模经济会起作用的作物，这一点是非常重要的。

规模经济会起作用的作物，大公司也会来参与（或参与的可能性大）。

彩椒是一个典型的例子。这种作物生产得多的话，每单位成本就会降低。如果小规模生产的农民被卷入价格竞争，他们就会处于压倒性的不利地位。

▶ 初始投资很大的农作物，准入门槛会很高

另外，初始投资的规模也很重要。

如果初始投资高于一定水平，生产该作物的准入门槛就会变得更高。最初所需的资金越大，个人或中小企业就越难参与。

相反，由于这类作物很少有新参与者，所以竞争对手少的可能性很大。

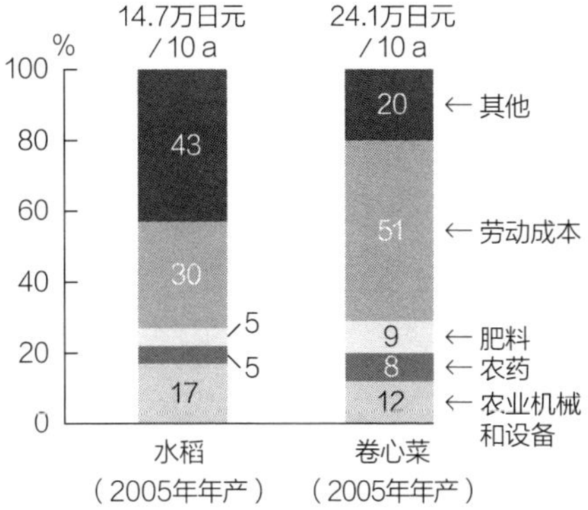

固定成本类型（其中需大面积耕地的“土地使用类型”）作物的水稻和劳动密集型作物的卷心菜的生产成本比率是不同的。就水稻而言，土地租金、土地改良和用水成本占生产成本的很大比例，而卷心菜的劳动力成本则较高。典型的土地使用类型作物有水稻、小麦和大豆。
另外，不一定需要大片土地，但需要大规模设施（栽培工厂）的资本密集型作物——也属于固定成本类型作物——包括香菇等蘑菇类。
典型的劳动密集型作物是叶类蔬菜、果树和花卉。

图 1-3　农业生产成本的构成

（摘自农林水产省网站，“降低食品供应成本的努力”）

注：农业机械和设备费用包括汽车，而其他成本包括土地租金、种子和种苗成本、土地改良和用水成本、生产管理成本和利息。

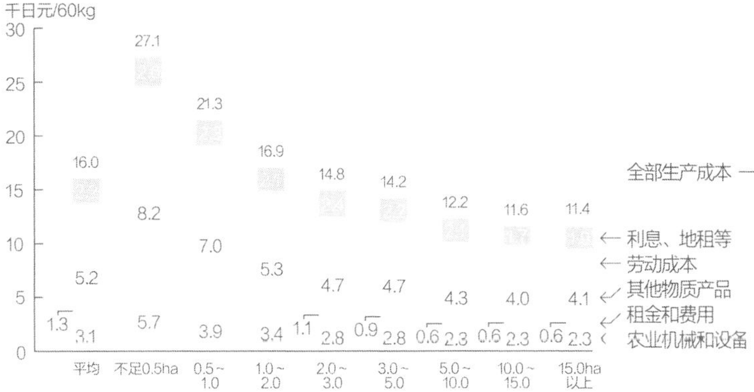

图 1-4　按种植面积计算的水稻生产成本（2012 年）

就固定成本作物（土地利用类型）而言，种植面积越大，每千克生产成本越低（=规模经济）。这是因为规模越大，每台机器（拖拉机等）和每个工人的效率就越高。

（摘自农林水产省网站，“主要农牧产品产量趋势（1）水稻”）

只要有土地，不管是谁都能种植的作物的话，正因为简单，竞争对手也会增多。

所以，“因为这个不怎么需要初始投资，那就搞这个吧”，这种简单的思维并不是一个好的想法。

事实上，某种程度上最初需要一些投资的作物，可能有较少的竞争者，而一旦参与后，也许会发现并不那么难搞。

我将以上内容总结一下：

- 容易种植的作物单价低，难种植的作物单价高。
- 规模经济起作用的作物（固定成本型），大规模投资大量生产的话，投资效率会更好，所以对能投入大量资金的大公司来说是有利的。
- 规模经济不起作用的作物（可变成本型），无论投资多少，生产作物的成本都不会有太大变化，所以即使是小规模的农民也不会处于不利地位。然而，在销售管理费用方面，大企业和中小型企业以及个人之间会产生差距，这一点需要注意。
- 如果是初始投资很小的作物，就会有很多竞争对手；如果是需要大量投资的作物，竞争对手就会变少。

正如你所看到的，风险和回报之间的平衡出奇地好，这就是农业事业的魅力。

这就是为什么我们不能笼统地说 “种这种作物或这种类型的作物能赚钱”或“不能赚钱”。

开办观光农场是否赚钱

▶ 根据农作物和种植模式的成本结构（原价结构），会有适合做或不适合做之分

希望到目前为止我所说的内容都深深地刻入你的脑海里。

在农业中没有绝对“这个好”这种说法。有的人、有的农作物、有的土地是适合搞观光农场的，但也有不适合的情况。

例如，有许多草莓或葡萄的观光农场，但从未听说过有豆芽或葱的观光农场，对吧？

或者，在一个交通极其不便的地方有一个观光农场，既没有电车也没有公交车可以去那里，你觉得这个观光农场会很受欢迎吗？肯定非常困难，对吧？说的就是这个道理。

那么，我们应该用什么标准来决定是否开办观光农场呢？

其中一个判断标准是事业的成本结构。

如果是“采摘、包装和销售”等销售成本（时间、人工费）很大的劳动密集型作物，就有搞观光农场的经济优势。

草莓和葡萄就是这种情况。对农民而言最耗费成本的“采摘”作业，客人们却是花钱来干。

而收获上不需要花费大量劳力的作物就没有经济优势，比如可以用机器快速收获的作物，或者像甜瓜那样相对容易采摘

装箱的作物。

然而，如果以观光农场来经营，虽然可以减少采摘成本（可变成本），但你需要投入广告宣传费、为游客设计安全的观光路线所需的费用，以及为此雇用员工等所需的固定成本。

一个需要大量初始投资，或者每月、每年都要支出很大比例固定金额费用的事业，我们可以称之为“固定成本类型”。

换句话说，如果从自己采摘、销售草莓的经营方式转为观光农场，事业类型本身就将从“可变成本类型”转变为“固定成本类型”。

在这种情况下，我们就可以通过哪个更适合自己、哪个更有利可图这些方面进行判断了。

▶ 如果你想与大量消费者直接接触，建议你做观光农场

观光农场适合那些希望有很多访客来、喜欢与终端消费者互动的人。

我们 GRA 有一个使命，就是吸引更多的人来到宫城县山元町，从而为这个小镇增添活力。

从这个角度出发，我们也准备了一个“草莓采摘之旅”的观光项目。

这不是一个基于经济利益的想法，而是基于“吸引人来”这个意图（当然也有考虑是否赢利）。

不过，我想应该没有多少人会在从事农业的第一年就开办一个观光农场。

即使是从客人的角度来考虑，如果被问到是否愿意去“我

们今年是第一次种植！能收获多少我们也不知道”这样的观光农场，肯定没人愿意吧。

这就是为什么新务农者的首要任务是先正常生产出产品。

至于如何出售它们则是之后的事情了。

确定你能够稳定地生产作物后，再决定是否开办观光农场也不迟。（如果你在刚开始的阶段就决定无论如何都想开一个观光农场的话，那么一定要注意不要在选择农田地理位置的时候做出错误的判断）

当你达到每年的生产量都没有太大差距的阶段时，假设你的年总收获量是 20 吨，你可以把它分成 10 吨用来搞合同栽培，10 吨用来做观光农业。

我经常听说“第六次产业化”，应该照做吗

▶ 为什么我不建议简单容易的“第六次产业化”

《智慧藏》对“第六次产业化”①的定义如下：

“作为第1产业的农林水产业，不仅仅生产农林水产品，还涉足以这些产品为原材料的加工食品的制造和销售，以及提供像观光农场这样的充分利用当地资源的服务，第1产业甚至涉足第2产业和第3产业。”

我们刚才谈到了观光农场的话题。

那么，加工食品的制造和销售的情况又如何呢？

如果你是一家大型食品制造商，那么考虑生产苹果后，再“把苹果加工成果酱”也是一个不错的选择。

但我不建议个人或中小型农业法人也这样做。

为什么呢？

在你开始致力于第六次产业化的瞬间，你的竞争对手将不再是邻近的生产区域或农民，而是像大型食品公司这样的参与者。

---

① 日本学者今村奈良臣先生于20世纪90年代首倡该理念。——译者注

换句话说，你的果酱能竞争得过全国性的品牌并被摆上超市的货架吗？能摆到便利店里吗？你要用什么方法让人家摆放你的产品？即使能摆到店里，你能够像大公司那样快速响应商店的订单，并在出现货物短缺时给予及时的补货吗？

这样看来，个人或中小企业很难与超市或便利店的货架上的全国性品牌相竞争，对吧？

日本媒体经常提到“第六次产业化”这个词，但大多数案例并不那么成功。“第六次产业化”是以农民为主语、站在农民立场上来说的词。分销方和零售方（渠道方面）很容易被忽视，这是最大的问题。

如果你是抱着“反正有很多是要扔掉的，那就有效利用剩余的吧”这种只从农民的角度来考虑的观点而着手，可能很难有理想的结果。

▶ 如果你能做到大公司做不到的事，那你就可以试试

一般的农户即使做了一个原创品牌的果酱，也是非常难以做到像大型食品制造商那样为了销售而投入大量的广告宣传费或销售人员的人工费等成本（固定成本）的。

中小型农户应该在首先思考如何创造比大公司更多的优势后，再考虑进行第六次产业化。

那么，怎样才能赢呢？

一种方法是“用大公司采购不到的东西来作战”。

具体来说，比如用“大公司由于成本的原因而无法采购的东西来‘作战’”。

在某些情况下，农民能够以较低的成本采购到原材料。

像草莓这种需要大量的时间和精力来采摘的劳动密集型（可变成本型）作物就是如此。可变成本型的作物，并不意味着大公司的投资效率就会高，就会比中小农户的生产成本更低是吧。

何止“不会比中小农户的生产成本更低”，大公司如果不支付相应的人工费，也是没办法开始生产的。

此外，对大公司来说，跟中小农户比，他们不仅要支付直接参与农作物生产的人员的直接劳动成本，还需要承担更多的会计等间接部门（不直接产生利润的部门）的费用。所以他们必须赚取这部分的成本费用。

如果他们不将这些成本转嫁到草莓的价格上，也就是说不提高售价的话，就赚不到钱。

相比之下，农户的话，无论好坏，都认为自己和家人所做的工作是免费的。换句话说，如果不考虑自己的劳动成本，跟大公司相比，农户是可以用更低的成本来生产草莓的。

在这种情况下，假设加工100%草莓果汁的话，农户是有可能在生产成本中的原材料费用方面击败大公司的。

虽然可能无法大量生产，但如果农户能以比大公司更低的价格生产出来，并将这笔钱投到广告宣传费等固定成本里，是有可能在一定范围内（在一定地区内等）的分销和零售方面获胜的。

然而，如果是只含1%草莓的草莓汁，那么大公司在剩余的99%的原材料的采购成本上会占绝对优势，农户想获胜就很难了。

另外，不用“大公司因成本问题而无法采购的东西‘作战’”，而是用“大公司根本无法采购到的原材料‘作战’”，也是可行的。

如果你有一种非常优质的作物，出于某种原因只有你能采购到，或者你有一种特殊的专利等；如果你能在消费者需求的领域中实现明显的差异化，那么你就能创造一个具有市场竞争力的品牌。

农户可以战胜大公司，还有一种可能性是社区性。你在大公司无法进入的属于你自己的地盘上销售就好了。

例如，你在自己经营的观光农场里，只卖给来农场的人。无论如何尽量减少竞争对手，只在自己的领土上作战，那你肯定能在这个范围内获胜。

如果你在这两个之中选择一个做的话，是可以的。

如果从大企业的角度来看，就是这两个都应该避开。

Kikkoman 正在进行大规模的西红柿农场工作，他们是 Del Monte（一种番茄酱品牌）的所有者。这样的企业生产番茄，并进行第六次化产业是个非常好的选择。因为他们拥有日本最好的销售网络之一。

他们既可以获得零售货架，又有强大的品牌力量。这样的食品制造商，自己来生产原材料的话是根本不存在任何浪费的。这样不赢才怪，对吧？

我们 GRA 正在制作一种草莓气泡酒。

如果我们按常规来做，是很难和 LVMH（酩悦·轩尼诗-路易·威登集团）这样的头部气泡酒品牌竞争的。营销预算的规模更是完全不一样。必须考虑如何在此基础上获胜。

这就是为什么我们选择了“用他们无法采购的东西进行竞争”和“在我们可以获胜的地方（渠道）进行竞争”这个组合。

更具体地说，我们把全国性品牌和社区性产品分开，并且相关的部门也是分开的。

对于全国性品牌，我们开发了无论在日本任何地方都能卖出去的非常具有竞争力的产品，分配市场营销预算，还派遣了团队去开发销售渠道。关键是，我们和拥有销售气泡酒渠道的侍酒师进行了合作。因为如果我们不与有销售气泡酒渠道的人合作的话，就无法确保销售市场。当然，这是因为作为原材料的草莓本身，我们使用的是在市场上已经获得认知的每个售价高达 1000 日元的高级品牌草莓“MIGAKI ICHIGO”而加工的，所以这个做法才可行。

在社区性产品方面，我们有加工很多类似果酱和果泥的产品。不过这些都是与当地的工匠合作制作果酱，与当地糕点师合作制作糕点，与当地酒藏合作制作清酒等形式来全面打造出“地区限定版”的感觉的。此外，我们一概不在网上销售产品，所以你只能通过来 GRA 农场参加草莓采摘之旅时顺便购买。如果只是简单地搞“没有当地特色的”“可以随时随地在互联网上购买”的产品，那么从一开始，你就要面临在全国范围内进行竞争的局面（一个没有任何实际业绩的农户加工的果酱会排进热门搜索吗？肯定不会吧）。不仅如此，还会有人家好不容易来到你这里，结果因为“反正以后可以在网上买”，而不在你的店里购买就走掉的情况发生。

“地方特色（一种仅限于该地区的感觉）”和“只有在当地才买得到”，这两点很重要。

第六次产业化的关键是创造大公司无法制造的，可以吸引客户的产品和项目。

然而，对通常在远离市场的地方劳作的农民来说，要精准地提出能够满足消费者需求的方案，这在现实中是相当困难的。

我认为日本的目标应该是成为像荷兰那样的农业出口强国，你怎么看

▶ 东盟市场并不像听起来的那么大，日本产品在其中处于劣势

由于出生率下降和人口老龄化，整个日本的食物需求量都在变小。

对此，谁都能想到的一个答案就是，“对了，咱们出口吧”。

日本对亚洲地区的出口得到了政府的支持。

你可能会想：“哦，这岂不是一个好机会吗？”

但是你认真想一下，东盟虽拥有广阔的土地面积和庞大的人口，但所有国家加在一起的 GDP（国内生产总值）只有日本的一半左右。

而且，在与东盟国家的竞争中，日本是处于劣势的。

以草莓为例，在新加坡，日本产草莓的市场份额只有约 1%。

而同样漂洋过海来的美国产草莓却占 50% 的市场份额，韩国产草莓也占 30% 的市场份额。

可以说，日本产草莓在品牌和知名度方面有一些优势，但在市场上明显是处于惨败状态的。这是为什么呢？

美国和韩国的草莓有一个优越的育种策略（遗传改良）。他们的草莓果实硬度大、耐储存。因此，从卖家的角度来看，因为可以在超市里摆放很长时间，所以收益率好。然而，它们没有日本草莓那么香甜可口。但是如果市场上只有这种品味的草莓，消费者就不会进行比较了。

在韩国生产的草莓品种中，有一些是私自使用未经许可的日本的品种来培育的，而且是专门用于出口的品种。因此日本有一些人为此抨击韩国，但这一事实也说明，日本原本是有潜力培育出适合出口的草莓的，但自己并没有动手去做，而被韩国钻了空子。虽然可以批判他们没有经过同意就随便种植，但日本自身没有认真地对出口用品种的培育进行钻研，这一点才是问题所在。因为韩国着眼于海外市场，所以能得以扩大海外市场份额，而日本没有着眼于市场，所以仅仅是在战略上就失败了。吵着“被偷了”只是不愿意承认失败的一个表现，但问题的本质却并不在此。（当然抄袭就是抄袭，这种事不应该被容忍）

日本的草莓虽然很好吃，但价格是美国和韩国草莓的3倍，而且不耐储存。收益率如此之低，海外零售商是不愿意将其摆放在店里的。日本的草莓是为海外极少数富裕阶层人士或鉴赏家准备的，不是大宗量销售的产品。日本农户只凭着“我们的草莓是高级品。怎么样？不错吧”这种优越感是根本不行的。如果你不针对当地市场进行育种，或者你不努力降低生产成本，以便在价格竞争中获胜，你将无法仅仅通过说这是“日本品牌”来传播你的产品。这一现象不仅限于草莓，日本的许多其他作物也是如此。

荷兰之所以成为出口大国，不仅是因为它拥有最先进的植物工厂技术，还因为它缩小了生产的作物种类，只生产可以出售的东西。欧洲各国陆地相连，运输成本并不高，而且欧盟成员国之间没有关税，因此在价格竞争中具有压倒性优势。

亚洲以外的相关情况我在此不作赘述，但总的来说，即使你高喊着“开干吧”，投钱用来做出口，也不会有像大海那样广阔的市场展现在你的面前。

▶ 做出口业务比日本国内业务难度高很多

出口业务，不是事业人个体间就可以处理的问题，会被国家与国家间微妙的关系所左右。从这一点来说，就比国内业务要更困难。

如果日本和拟出口国家之间的政治关系恶化，实质上就形成了贸易壁垒。

除了显而易见的提高关税的做法外，还有更严格的植物检疫或故意延长检查期的情况，这会缩短该产品在当地可销售的时间等。最可怕的是，有一些防止进口的壁垒是在不修改条约或法律的情况下也可以实施的。

当关系良好时，这不是一个问题，但请记住，风险是存在的。

“出口就会赚钱”，这只是一个神话。

除非你在一个有利的地区集中投资，否则会很难。

然而，由于出生率下降和人口老龄化，日本的国内市场正在萎缩。“如何增加出口量”是我们必须面对的中长期课题。对于那些正在考虑从事农业的人，或是刚刚开始从事农业不久的农业法人，不久的将来，不得不在海外寻找自己出路的时代肯定会到来。

我们不能通过引进人工智能、物联网和机器人来创新农业吗

▶ 如果我们不使用技术来解决已经存在的问题，就毫无意义

我在宫城县山元町经营的农场，拥有着耗资数亿日元的先进设施。因为我们经常在媒体上说“农业 × ICT”或“利用 ICT 技术将一个种植了 40 年草莓的大师级农户的技术转化为数据，使其‘可见化’”这样的话，所以很多公司前来毛遂自荐，说他们“有好的技术”。

但是，请不要误解，人工智能、物联网、机器人等所有这些新事物的浪潮，我并没有都跳了上去。

不仅是人工智能和物联网，在将新技术引入农业或进行示范实验时，必须以问题为导向，或者换句话说，“它是否有助于解决问题”这一点是很重要的。

如果不是一个可以解决类似“草莓是劳动密集型作物，需要解决种植草莓需要大量的作业时间的这个问题”这样具体课题的技术，它就是没有意义的。

不仅仅是 IT，所有种类的技术都是如此。

比如，利用管道等在高于地面的位置进行栽培的“高架栽培”技术是如何产生的呢？

如果是种到地面上的“露地栽培”，你必须一直弯腰作业，这对你的背部是很大的负担，收获也是需要花费很多时间的。此外，还很容易受到天气和温度的影响。高架栽培就是用来解决这些问题的。

另外，在用于观光农场时，果实结在顾客容易看到的位置的话，会比露地栽培的更美观。从管理的角度来看，这是一个积极的因素。

技术是新是旧，在农业经济中并不重要。

要考虑它是不是一种对管理敏感度高的技术？所耗庞大的成本是否有意义？它能增加销售吗？单价会上升吗？成本会下降吗？该技术在哪些数据上有影响力？需要几年时间才能看到效果？它的成本效益如何？……这些都是理所当然需要考虑的。当供应商向你推销时，一定要问：“针对问题会有××程度的改善？”

▶ 虽然说是最新技术，但并不意味着它会立即收到成效

相反，如果是以“一项这样的技术研发出来了。挺有意思的，我们一起来运用这项技术吧”这种技术驱动的方式开始是很危险的。

对于想要收集大量数据的技术方来说，它可能是有益的。然而，从农民的角度来看，他们可能仅仅成为一个信息提供者，或者被卷入到试错试验中而已。如果那样的话，就是本末倒置了。

AI是一个被大家讨论了很久的话题。无数与传感器相关的企业也已经进入了农业领域。然而，他们中的大多数仍无法展

现出自己的与众不同。目前还没有谁做到了亲眼可见的“的确有用！业绩得到了飞跃性的发展”。

首先，今天的人工智能需要收集大量的数据，以便在接下来的对策中使用，所以不可能收获立竿见的效果。

以围棋为例，只要让人工智能高速地相互对弈，数据就会迅速积累。然而，就农业而言，我们别无选择，只能从现实中存在的空间收集数据。正如我在前文中多次说过的，在农业方面，存在着作物的绝对生长时间的问题，因此要使其快速循环或一次性获得大量数据并不容易。

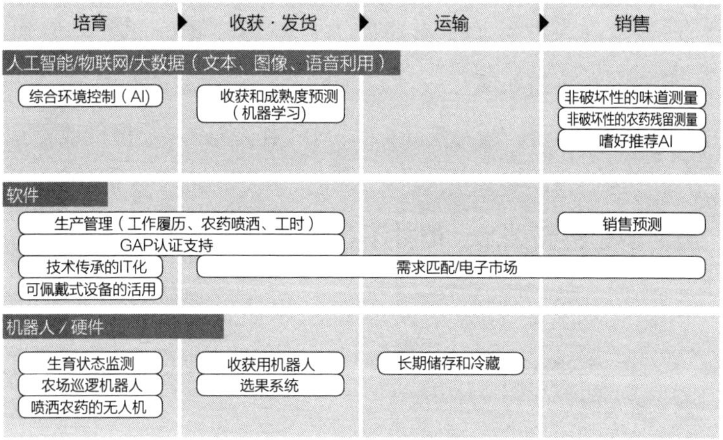

图 1-5　近几年的农业相关技术

说“使用高端技术就会成功”和说“只要出口就可以赚钱”一样，都是幻想。

因此，一定要弄清楚该技术在哪些方面以及多大程度上对你的农业业务起到帮助作用。

要想成为农民，就必须“24 小时 365 天”全身心地投入吗

▶ 如果你的想法像个黑心农民，那你就无法雇用到员工

如果你想以不区分工作和私人生活的方式工作的话，也是可行的。因为有的人性格上就是“总是在挂念（工作）”，强迫这样的人缩短工作时间是很难的。

在农业领域，也和其他工作一样，有时会有突发问题（或者是为了避免问题发生），而不得不需要长时间劳作去解决。

但我不认为，搞农业就必须“一年 365 天，一天 24 小时”都要带着焦虑去劳作。

如果经常发生让你不安的事态，你应该怀疑设备或工作的推进方式是否存在问题，应该思考如何更有效地工作。

我个人觉得，不应该以是与生物打交道的农业为由，就说一些“农民的话要一直看着不能松懈”这样的言论。

如果是个人自愿热衷于这项工作的话，那是可以的。但如果是被告知“必须一年 365 天，一天 24 小时专心工作”，那么你将很难雇用到员工（在法律上，这完全是黑心企业行为）。

即使是一个家族型经营的农户，家族成员也会产生抱怨的。

令人惊讶的是，现在仍然有年轻的农民主张："每天工作 24 小时，一年只休息一天""换了一代人的话，农村就会改变"的说法是一个谎言。在某些情况下，某些农村基因已经被原封不动地传给了年青的一代。

然而，以这样的思维方式，是吸引不了其他人聚集到自己周围来的。

如果你雇用不到员工，就不能发展扩大你的事业。因为不想增加需要付出的钱，就试图通过增加自己的工作时间来弥补的做法，在日本颇为常见。然而，用少数人长时间工作所能做的事情是有限的。

此外，以"一天 24 小时，一年 365 天"的方式工作的话，自然就意味着无法休假。这样的话，就会出现去不了旅行，周末为了能随时去农场就得一直待在家里等情况。唯一的乐趣就是晚上和朋友一起喝个酒。

但是，如果不亲眼去看看外面的世界，你就不会知道世界上发生了什么，也不能冷静地看待自己所处的位置，脑子里也不会涌现出崭新的想法。很难说这对你的事业来讲是否真的是一件积极有利的事情。

如果停止一两个人长时间的劳作，改为由多数人分担的"白色"的劳动时间和劳动强度的工作方式的话，你就会有更多的时间去学习如何才能获得增加销售和利润的好点子，或者你可能会遇到能给你带来好机会的人。但是，一直把自己局限在一个地方的话，你就丢掉了这些机会。

更重要的是，如果余生就是陷于每天往返于工作和家庭之间而结束的话，你不觉得那是一件很可惜的事情吗？

▶ 如何降低劳动强度

如果不对劳动强度加以控制，未来农村地区的农业劳动者数量会越来越少，人口也会越来越老龄化。不仅是老人，年轻人也不愿意做太辛苦的工作。

强调农业需要长时间劳动的话，正常的人连兼职都不会愿意来做。

我在前面解释了高架栽培方式，它把露地栽培那种不得不弯腰劳作的方式，改变成可以以相对舒适的姿势进行劳作的方式。

也就是说，引入这种方式的好处是可以大幅度降低劳动强度，因而更容易引进人力资源。通过这种方式，提供一个尽可能轻松和舒适的工作环境，你将在确保人才的竞争中比竞争对手更有优势。

如何为员工创造良好的工作环境？

这是在考虑农业未来时的一个极其重要的关注点。

如果只是通过你一个人含辛茹苦地工作来降低成本，这倒没什么。但要是你雇人去做的话，那就是另外一回事了。

对于包括草莓在内的许多作物来说，大部分成本是劳动力。也就是说，农业是一个依赖人工的行业。因此，如何调配和雇用员工是很重要的事情。

如果机器人能做人们所做的工作就好了，但目前很难马上实现这一点。作业链上游部分的如何栽培和管理这部分的技术比想象的要更先进。

如果是使用感应器来识别成熟草莓的技术，基本上可以做得很好。但是，收获后装箱的下游阶段的作业，就不那么容易了，现在仍然无法做到“收获农作物后再装箱”这一动作。我估计，技术的发展是无法跟上日本农村人口下降的速度的。

▶ 展示有吸引力的工作风格是很重要的

看到这里，那些想以公司名义进军农业的人可能会感到不安：“在封闭的农村能雇到人吗？应该在什么地方、以什么样的方式进行招聘呢？”

如果你是在一个没有熟人的新地方开始农业，最好的办法是问租给你农田的地主“是否有合适的人选”介绍给你。他们很可能认识一些在农场做兼职的附近的人。

还有一种方式是在招聘媒体上做广告或发布招聘信息。

根据我们的经验，在当地报纸上刊登广告的话，80%前来面试的都是 60 岁以上的人。甚至有故意打扮得很年轻，可年龄都已经超过 80 岁的老奶奶也来面试的情况。这就是现实。

我相信很多的农业法人平常的邮件中肯定有很多是关于“某某好像是得了癌症”“因中风做了开颅手术”“守灵日是几月几日，地点是哪里的寺庙”等内容的话题。如果不事先做好这些假设然后再来设定工作强度和工作时间，你就很难吸引人们来工作。

如果想雇用年轻人，你需要做出有关工作方式或生活方式的提案，比如“跟目前的工作相比，他们可以拥有更多的自由时间”，这是一个吸引应聘者的秘诀。比如说你可以建议“早上去冲浪吧”，等等。我经常在早上6点去下海，8点去农场工作。而早上6点到8点这一段时间正是城市上班族在拥挤的电车上的通勤时间。

我认为，能够利用这段时间做你喜欢的运动，然后再去工作，是非常充实的。让年轻人感受到这一做法的魅力是很重要的。在人口不断减少的日本，有前途的年轻人是被争抢的对象。

另外，外国人劳动者的确保也是不得不考虑的现实问题。利用外国人研修和技能实习制度的话，可以获得外国人劳动者最长5年的劳动时间。

遗憾的是，在日本有很多人戴着有色眼镜看外国人。然而，当外面的人来到封闭、流动性小的农村时，也会带来一种国际性的感觉。我认为这对该地区来说是有好处的。

跟城市比，在农村，人们往往更有追求同质性、均一性的倾向。但如果外国人来到这里，就会带来多样性，这将是我们客观审视自己的一个好机会。

的确，偶尔也有一些人是通过外国人研修和技能实习制度来到日本的，但实际上他们却抱有别的目的。当然，即使是日本人也有不辞而别突然消失的现象存在。所以过于担心也没有用。

当然，对于一个没有耕作技能的新务农者来说，刚开始就利用这个制度是不现实的。但应该在将来适当的时候考虑利用该制度。

具有旧时代特点的“一天 24 小时，一年 365 天”的劳作方式，在出生率下降和人口老龄化现象集中的日本农村地区，是不可能确保得到劳动力的。让我们打造一个降低工作强度、合理进行分工的舒适的工作环境吧！

那么，我到底应该以什么作为决定是否从事农业的切入口

▶ 农业体验只能给你带来农民作为劳动者的体验

读到这里，可能有些人会说，“我已经明白了什么事情不应该做，心中的焦虑也已经得到了缓解”。

但是你也可能会想，如果贸然就跑到政府的农政课去，跟人家说“我想从事农业”，想让人家给些建议，那也太奇怪了些吧。应该采取哪些具体步骤，才能够对就农有一个更直观的认识呢?

尝试去体验一下农耕，如何?

我觉得这并不是一件坏事。你可以尝试去农场做工，实际与土地接触，这对于处在想判断自己是否适合与作物打交道这一阶段的人来说，是一个很好的体验。

然而，要独立地从事农业，不仅仅是要会干农活，还必须同时懂得经营管理。然而，只是农耕体验的话，对于将要以农业作为未来事业的人来说，几乎是什么都学不到的。

研究开发、品种的选定、生产、销售、营销、与当地社区建立关系、培养人才……这些全都是从事农业所需要考虑的问题。农业经营不是说“种植的人＝农民”，而是指“从种植到销

售”。农业的工作如此广泛，但过于侧重生产则是农耕体验的最大问题所在。“种植”在外界看来虽然是很显眼的一个环节，但它只是农业的一个部分。因此了解农业整体的情况是非常重要的。

虽然到处都可以体验农耕，但能好好教你农业经营的地方却很少。生产和管理是两种不同的工作。成为农民就意味着要成为独立的经营管理者，所以学习经营管理所需要的知识是非常有必要的。

我建议把市面上销售的所有你认为对你有用的农业方面的书籍都阅读一遍，然后再去多地考察，这样可以在当地获得对你有用的第一手信息。

▶ 如果你有时间和财力，农业大学是一个很好的选择

那么，把去农业大学学习作为从事农业的切入口，怎么样呢?

在日本全国 42 个道府县都有农业大学。说实话，这些学校有些很正规，有些则不然，所以一定要事先仔细调查清楚。如果你选择的是正规学校，那么它将会助你一臂之力。

例如，我是新潟农业大学的客座教授，这是一所设施良好的寄宿制学校，提供关于稻田、牲畜、设施园艺等各种高质量的课程。

当然，学费并不便宜，而且需要 2 年时间才能毕业，所以它并不适合“想马上就开始从事农业”或“想一边赚钱一边学习”的人。

另外，只是上了农业大学，也不一定能获得我们在补助金章节介绍过的“新务农者认定”资格。这是因为农业大学是学习农业技术基础的地方。当然，在那里也能学习到经营管理方面的知识，但我认为侧重点还是学习农业生产的基础技术方面的知识。另外，农业大学的农场往往是“为了学习用的农场”，农场的规模往往与现实情况相差甚远。

这就是为什么大学毕业后去农业法人就职，花几年时间学习实际的农业经营的话，会更容易获得认定。

除了农业院校外，还有像我经营的这种面向新务农者开设的民间的学校，或者去自己认为很有前途的农家当学徒这样的选择。

至于选择哪一个，取决于你所期望的是什么。

就 GRA 而言，我们的卖点是“1 年就可以学成”。如果是去农家当学徒，虽然需要花很多时间，但是可以就近学到大师的技术，而且能够在该地区建立起强大的关系网。

▶ 如果你打算学习农业经济的全貌，去农业法人就职也是一种选择

就职或跳槽到农业法人也是一个不错的选择。

在我们 GRA，有一些人是一直在宫城县的农场里工作的，也有一些人的工作地点基本上是在东京，经常往返于宫城县和东京之间。

即使生产地点是在农村的农场，销售地点却往往分布在全国各地，所以你的工作地点有可能是在市中心。

以我们公司为例，因为我们是自行开发销售渠道的，所以我们也雇用了市场和销售的专业人员。我们还在研究和开发方面投入了大量精力，拥有专门从事农业科学的研究人员。

以上这些人都是“务农者”。

因此，农业中其实是有许多不同类型的工作的。对于农业法人来说，他们愿意雇用在其他行业积累了很多经验的专业人员。

提到“搞农业”“就农”时，很多人一般不会想到去农业法人就职，这是一个虽然没有被经常谈论，但确实存在的选择。

如果你是去一个现有的农业法人工作，不但会了解到薪资待遇，还会了解当地的实情。如果是一个有一定规模的农业法人，换句话说，你就和普通的工薪阶层一样，生活会比较稳定。

不过，与独立农民不同的是，在农业法人工作将不能选择作物的种类和耕作的方法，其结果就是也不能选择工作的时间。

此外，即使你在你工作的农业法人那里只是参与生产，你也可以成为一个“生产专家”。然而，这并不意味着你就可以成为一个“销售专家”。

打算将来要独立，先加入一个农业法人学习几年，这也是一个不坏的选择。然而，在农业法人那里，能够学习到农业经营整个过程的知识吗？这一点很重要，你需要好好考虑一下。

▶ 寻找一个榜样（模范）

无论你计划走哪一步，在你开始从事农业之前，最重要的是要去和实际的农业经营者交谈，了解他们的生活方式和大概的收入。换句话说，“找一个榜样”是很重要的。

去找到一个正在做与你想做的事情接近的农业经营者吧。

话虽如此，对方不需要一定是一个有名的农家。

出现在媒体上的农家都是做了大量艰苦工作的人。但世上也有只在清晨和傍晚耕作，白天去游戏厅玩老虎机的农民。与那些全年工作的普通工薪族相比，农民的生活方式和赚钱方式更加多样化。

这就是“为什么与各种各样的人接触”这一点很重要。

然后，你再考虑，你是想只要一个人能吃饱就行，还是想要养活一家几口人，或是想经营促进当地经济发展的有创新的公司等，从这些经济方面寻找你的榜样。这一点自不必说，另外，还要从你是想一周休息 4 天，还是想过一半是农民一半是冲浪选手的生活，或者是想最大限度地增加与家人在一起的时间等，从这些生活方式的方面寻找你的参照榜样。

顺便说一下，日本每个都道府县都有为新务农者开设的咨询中心。

当你去那里时，需要登记自己的相关情况。比如，你想在哪里从事农业，你想种植什么，你想搞设施园艺，等等。

当被告知“请写下这些内容”时，大多数人都不能当场马上就写出来。所以，你最好先仔细思考一下本书中所写的内容（图 1-6），然后再去。

新就农咨询卡的填写项目示例（部分）

姓名、地址、出生日期、性别
职业
家庭结构
农业经验
有无通过日本农业技术检定（学科和实践技能）考核
咨询的过程
咨询内容（想做什么样的农业）

工作方式

1.想在农业法人工作
2.想自己经营农业
3.我想通过培训来实现独立
4.想继承农场管理
5.其他
如果你的回答是“1”，是想长期就职，还是将来会独立?
如果你回答“2”，需要的农地面积以及能准备的自有资金?
如果你回答“3”，希望接受训练的时间以及培训地点?

希望的地区

希望的管理方式

· 作物

1.水稻作物	8.果树
2.麦类	9.乳品养殖业
3.豆类、土豆、谷物	10.肉牛
4.大棚蔬菜	11.养猪业
5.露地蔬菜	12.家禽养殖业
6.花卉和观赏性植物	13.其他
7.茶叶、烟草等	*具体内容（填写）

· 你是否希望从事有机农业?
· 你是否希望从事观光农业（餐厅等）?

图 1-6　新就农咨询卡填写示例

没有农业经营管理的基本知识的话是填写不了的，不了解基本知识就填写更是没有意义的。

此外，在某些情况下，政府负责咨询的人并不是农业方面的综合专家。每个人或部门都有自己的专长，如精通补助金方面的信息等，但由于他们自己并不经营农场，所以可能无法为你提供比较有用的一手信息。

即使你向他传达“我想做这样的事”的想法，或者询问“这种情况怎么样”，咨询窗口的负责人也有可能无法向你回答每种情况下具体的投资金额。

当然，他们之中没有心存恶意的人，所以要是能和他们相处得好的话，毫无疑问对你来说是有利的。然而，在你去这样的地方咨询之前，有一些事情你应该调查好和思考好。

第 2 部分

开始从事农业的 6 个步骤

在第2部分中我将介绍从事农业的6个步骤，前3个步骤尤其重要。

1）从事农业的目的；

2）你想要的生活方式（收入、时间的使用方法）；

3）作物种类和种植模式（培育方法、偏好）。

虽然我认为你最好按顺序来思考这3个步骤，但是实际上，你还是会在这三者之间思考几个来回之后才能最终确定下来。

此外，在一定程度上把这三点确定下来后，你要在它们之间确定优先顺序。

你要去思考哪一点是最重要的。

确定了优先顺序，这三点大概明确了的话，在这之后你需要考虑的事情自然而然也就有了方向。

现在，就让我为大家逐一说明一下。

第1步 用语言来描述你从事农业的目的

从事农业的目的，也就是所谓的“要达成的目标”。

务农者需要能够清楚地表达他们想从事农业的初心。

如果就是以一种“我厌倦了城市生活和人际关系”的模糊感觉进入农业，你有可能会在开始后因为发现并不适合自己，而觉得“这不是我想象的那样”，最终导致“还是回到大城市”的结果。

正是因为有目的，所以才会选择农业，而不是别的行业。

当你觉得“农业挺好的”，或者“别无选择只能搞农业”而拿起本书的时候，就一定是有理由的。如果你现在不能用语言清楚地表达出来，那么就请一定深入挖掘一下。

根据你从事农业的目的，你需要选择的其他选项的范围就会相对明确下来。

就我而言，从事农业是因为我的家乡在东日本大地震时遭遇海啸而濒临危机，所以我想重建家乡，并把宫城县山元町变成一个拥有世界级产品的著名产地，通过创造就业机会，而吸引人们前来。

因此，我们在山元町原有的产业中选择了我们认为“可以成为全日本第一，并且可以在全世界进行竞争”的草莓。另外，我们也做了例如不使用农协的流通渠道的选择。

话虽如此，也没有必要非得说一些豪言壮语。

你可以说“是因为要遵守我父亲的遗嘱，并且要好好养活妻子和孩子是我的生活方式”，也可以说“是为了能够有更多的时间从事自己喜好的冬季运动，所以选择冬天的自由时间多的工作”，这些都完全没有关系。

当感觉到累的时候，如果你有一个可以让自己去回顾“我当初为什么要从事农业？”的用语言形式描述的目的的话，就可以让你能够坚持下去。这也会在当一个看似不错的提议出现时，让你能够坚持立场不动摇。

此外，如果你因为听到类似“我听说那个人在做这个，而且发展得很好”这样的话，而感到焦急或晕头转向，试图什么都去尝试一下的话，就会耗费你大量的时间和金钱，使你手忙脚乱，什么也做不好。

确定好“不做什么”，并且为了把更多的精力放在对你来说重要的事情上，也要把“从事农业的目的”放在你心里最重要的位置。

顺便说一下，当问到来我们GRA新就农支援学校的人“决定从事农业的理由、目的”时，他们有的说“在农村独立谋生的话，觉得农业是最好的选择”“想有一技之能”“只要种植农作物就不会被饿着”“我想花更多时间与家人在一起。我希望在工作的同时能看到我的妻子和孩子”，还有人说“我曾经经营过某项业务，但这个行业没有发展，所以想从事新的事业”。

我认为，个人从事农业的目的大多倾向于寻求工作方式的自由。

企业的话，首要任务当然是赚钱和创造工作机会以养活员工。

不论是什么样的理由，我们都不会以“根本不是那么容易的事”而将其拒之门外。重要的是，要有一个诚实的理由和信念作为核心。

但是，在入学前的面试时，我们会重点了解他们到底有多具体地想从事农业。

我们会引导他们，使他们自己弄清楚是否真的想从事农业，以及如果是的话原因是什么。

如果对方是不善于语言表达的人，一开始他们可能只能给出一个笼统的、表面的理由。

但即使是不善于语言表达的人，当他在考虑其他需要做的决定的时候，也有可能会发现自己执着的、不可放弃的那部分是什么，或者明白自己应该做到一个什么样子。

和在你需要考虑的其他事情之间来去几个回合也是可以的，但重要的是要以你自己的方式明确这份工作的目的以及你所要达到的目标。

第2步　确定你想要的生活方式（收入、时间的使用方法）

你是否已经能够用语言表达出你从事农业的目的了呢？

那么接下来，确定一下你想要什么样的生活方式吧。

人们有想离开城市、住在安逸的乡下，想花更多时间与家人在一起，想就近享受户外运动，出于喜欢所以想专注于种植农作物等各种各样的理由。

关于收入问题，我认为对于每个人来说都是最优先考虑的事情。

我现在的收入是多少？我在开始从事农业后的第一年和第二年会有多大变化？我将来的目标是赚多少？你要在心中有这样一个大概的想法。

接下来，你需要对你可以付出多大的劳动强度（或这项工作有多困难）、达到目标年收入需要花多少时间（或能够花多少时间）等做一个粗略的估计。

如果你有比年收入或其他任何事情都更想优先考虑的东西，当然你要把它放在第一位。

▶ 从事农业可以选择劳作的季节

例如，想专注于冬季运动的人，你可以选择能够获得稳定收成的品种。利用结实的温室大棚做好气候对策，只在春、夏、秋三季种植蔬菜，再通过农协把它们卖到市场上就万事大吉，这样的话，冬天就自由了。通过这样的做法，一些农民在冬季就去国外生活了。

也有相反的情况，例如草莓的话，劳作都集中在冬天，夏天的时间可以用来做其他事情。

即使是同一产品，收获季节也可能因土地（种植模式）而不同。也就是说繁忙期是会发生变化的，所以地点（地区）选择也要好好考虑。

在过去，有一种“农民在淡季会出去打工”的现象，即使是现在，积极地出去打工也是可能的。夏天在农村耕作，冬天在城市做别的工作，或反之。

如果你不依靠农协而自己销售，你需要在收获之后去销售你的产品，这部分可以说是准备期。

准备期无论是对于 B2B（合约耕种或批发给特定的分销商和零售商），还是 B2C（通过直销点或邮购直接向终端消费者销售）来说，都是一个倾听客户需求和设计促销活动的重要时间。

劳动的内容是随着季节的变化而变化的。

收获的季节一直待在农场，其他时间或致力于开发销售渠道，或消化吸收客户的反馈来制订销售计划，或者去跟客户签署新的合约耕种的合同。

当然，你无须事必躬亲，可以在组织中进行分工，通过在夏天做销售活动来提高销售单价的经营方式也是存在的。

▶ 可以设计自己的劳动时间

不仅仅根据季节的变化，时间的使用方法、工作内容的分配会随之变化，即使是每天的时间使用方法也会根据不同的农作物种类、不同的种植模式以及销售方式而改变。

我们的副社长是草莓种植达人，他早上3点钟就来到农场，工作到6点钟，吃完早餐后就去玩老虎机，然后到傍晚再回来工作。他已经这样地生活了40年。老虎机玩家和正规工作可以兼顾，这在其他产业是很难做得到的。

我的爱好是冲浪，但如果我是一个工薪族，就不能在“好的浪要来了”的时候请得了假。

但从事农业的话，就不会是每天从早上9点到下午5点之间都必须被锁定在工作上了。

即使是在当天调整作业时间，去冲个浪也是完全没有问题的（当然，这也取决于农作物的品种或所使用的设备）。农业是比较适合体育爱好者或者是专业运动员的。

正如我多次提到的那样，想和妻子一起工作，并花更多的时间和孩子在一起的人，也是可以设计以优先和家人在一起的时间为前提的工作方式的。

不方便让孩子来公司的工薪族应该很多吧，但农场的话，孩子们是可以来玩的。在我的学校里，有一个人曾经是东京的上班族，和妻子、孩子三人一起住在学校宿舍，学成毕业后的目标是在农村过可以有更多时间和家人在一起的安逸生活。

我认为这种生活方式是非常健康的。

可以控制季节，也可以控制一天中的时间。

这种自由在农业中是存在的。

现在如果你明确了从事农业的目的和所追求的生活方式，那么是时候进入到考虑具体的事情的阶段了：

在哪里就农？

以什么样的模式种植，种植什么农作物？

经营规模怎么定？

其风险会有多大？

初期投资规模是多少？

投资资金是自己出？还是去借？

产品往哪里销售？

……

大多数情况下是在这之后，进入如何耕种农作物的具体细节。

当然，有很多种操作模式。

如果你是个人务农，只要有一定的收入即可，只是想在自己能力范围内从事农业的话，建议你采用在家附近弄一块农田（或在农田附近建住房），规模不用很大，而且初期投资小的模式。

如果你是法人，或者想在未来扩大事业规模的个人，则需要选择即使生产很多的量也会有足够大的市场的农作物。另外，如何准备初期投资的资金也是很重要的。

最好先考虑一下你跟哪种模式比较接近。

▶ 很难界定从事农业的个人“收入”是什么

特别地，公司的话要设定销售额和利润目标，个人的话要设定销售总额和实得收入的目标，这一点尤为重要。

当然，如果是个人，除了收入（进账的钱）以外，还要弄清楚你的支出和现在相比可能会有多大的变化。和东京等大城市相比，农村地区的房租便宜，在多数情况下，生活费用是可以缩减的。

一旦目标金额确定下来后，农作物的种类、种植模式，以及应该采用的销售渠道的选择也会随之确定下来。

例如，“在未来5年内使夫妻俩的收入达到800万日元，并保持这一水平”这样具体的目标就很好。

一般来说，个体经营者的话，从销售额中减去经费后即是“所得”。根据“所得”来计算需缴纳的居民税和其他税金。

当你说“我的目标是能剩下800万日元的实得收入”时，可能会有税务师建议你，“把这个、这个和这个算作经费，来降低你的‘所得’的话，你就可以少缴纳税金（这得是在与税务师签订顾问合同，并委托他为你准备报税文件的情况下）”。由于内容比较复杂，所以关于合理避税的技术方面的事情，还是向那些专家咨询吧。

▶ 设定好你的实际收入，就会一下子缩小你的选择范围

不管怎样，举例来说，假设你设定的目标是“夫妻二人共剩下 800 万日元的到手收入”。

这样的话，你将需要根据销售额和成本来计算你的所得收入。

关于销售和成本的数字，你可以在按产品类别划分的就农手册中找到。

关于这一部分，我将在第 4 步中详细介绍其计算方法。

具体的落实到数字上的工作，你在读完本书之后的最后阶段做即可。现在还不需要做这个挑战。

但是，最终你只需要记住“你需要估算未来 10 年的销售额和费用，并将其转化为具体数字”，以及参考数字和数据在哪里可以找到即可。

在现在这个阶段，你需要做好的是“对自己的所得收入和生活方式有一个认识”。

案例 1　跳槽到农业——研修生高泉博幸先生的案例

高泉博幸
（GRA 新就农研修生）
领域：单一品种的施设园艺

1986 年出生于宫城县石卷市。2017 年作为研修生入学。

高中毕业后，进入一家大型安保公司工作了 12 年。

他认为农业可能是可以实现他“通过工作帮助他人，使他人快乐”这一愿望的一种方式。在电视节目《大地的拂晓》中看到关于 GRA 对新就农支援事业的介绍后，2005 年 7 月他报名参加了 GRA 草莓学院，并计划在 2018 年开始从事农业。他的目标是做到稳定地供应草莓，建立观光农场，并创造一些可以为当地儿童提供的服务。

高泉先生是 GRA 新就农研修生培训项目的第 2 期学员。该项目不仅在一年内教授草莓种植技术，而且还帮助学员制订 10 年经营计划，为学员介绍金融机构，并帮助学员寻找农田。在培训期间，我们还教给学员“建造一个温室需要多少钱，以及多大的规模可以获得多少收入”这方面的知识。此外，GRA 还承诺收购所有生产出的草莓，收购价格根据草莓的质量而定，因此，学员们不必担心“草莓能卖多少钱”。自称是一个“保守的人”的高泉先生，之所以下定决心改变了工作，跳槽到农业领域，就是因为可以得到这样全面的支持，让他感到放心。

那么，高泉先生“从事农业的目的”是什么呢？

“我以前做的并不是我梦想中的工作，只是觉得只要这个工作能够为别人做一些有用的事情就好了。虽然有一种使命感，但我的内心却感觉没有得到满足。我就想自己是不是需要一份可以让他人更幸福，可以给予人们更多笑容的工作呢？我在以前的公司所做的工作并不是我自己创造出来的服务和商品，这一点是我有些不太满意的地方。后来我想要是种植草莓的话，这部分就应该可以做得到了。

另一个重要原因是我的家人。出于家庭的原因，当我想让我在石卷的家人——我的母亲、祖母和妹妹，都来山元町，全家人可以一起做的事情是什么的时候，我就想到了农业。”

可以说，他的选择是基于，自己亲手种植某种东西的这种“踏实感”和“可以给人们带来笑容”的草莓这个水果，以及“全家人可以一起做”，这三者的结合而来的吧。

“因为我的祖父在石卷的老家种植过水稻和蔬菜，我小时候也帮过忙，所以农业对我来说并不陌生。但是，因为我当时任职于一家很不错的公司，工资收入也很稳定，所以我的女友和当时的上司都非常反对。在人们心里，农业是老年人做的事情，需要体力劳动，收入又少，也没有休息日这种印象还是根深蒂固的。我想做的是一个 GRA 式的自动化高架种植大棚，所

以劳动强度并不高。而且收购价格也是明确的，所以是可以预见到一个合理的收入的。”

他说这一决定尽管被家人反对，但自己的意志非常坚决，所以反对并没有让自己动摇。

那么，高泉先生想要的“生活方式”是什么样的呢?

“我希望能赚到足够的钱来养活我的家人，与普通工薪阶层的收入处于同一水平就行。在我开始研修之前，我最担心的就是从事农业赚来的钱不够生活。但通过 GRA 过去的收获量数据制订了收入和支出计划后，我感觉这一点是可以做到的。在第 1 年，可以利用 150 万日元的补助金来弥补收入比上一个工作少的这一部分，我的年收入目标是在第 5 年达到 390 万日元左右，在第 6 年达到 500 万日元左右。

关于劳动时间方面，我以前的工作，最早的话早上 7 点，最晚的话有时会工作到晚上 11 点。即使是回到家，只要有什么事情的话，就必须返回公司。跟那个时候比，现在的工作时间应该是变短了的。当然，施肥是需要时间的，收获、选果和包装也是需要时间的。”

有些人可能认为，GRA 的支持太全面了，对一般的新务农者来说没有什么参考价值。通过像我们公司这样的农业法人的培训项目，经过 1~2 年后掌握了技术和人脉，或者以长期雇用为前提跳槽过来也是一种选择。所以，根据你“从事农业的目的”和“希望的生活方式”来考虑农业是否适合你吧。

第3步　思考作物种类和种植模式（培育方法、偏好）

读到这里，你对从事农业的目的和希望的生活方式已经有了一定的认识了吧？

这一节我们谈谈作物种类和种植模式的选择。

你一定在想："前面你不是说基本上可以种植自己想要种植的东西吗？"

"我想要种植这个"的想法的确是最重要的。

但任何事物，有其好的一面，也就必然有其坏的一面。一定要先把两面都看过后再做出决定。

也有一些人，即使被问到"你想种植什么"，心里也没有答案，感到很困惑。的确如此，上来就被问"你想种植什么"的话，往往很难回答出来。也正是因为如此，所以说事先确定好从事农业的目的以及希望的生活方式是非常必要的。

下面，我们就以假设为前提，列举几个选择的方法。

• 从从事农业的目的开始考虑

就 GRA 而言，我们有为了振兴宫城县山元町而"创造一个产业（种植草莓）"这样一个明确的目标。

然而，如果种草莓没有赚钱的机会，市场非常小的话，当初我们就会选择别的农作物了。因为我们的目的就是“为故乡创造产业，以吸引人们来这里安家（防止人口流出和村落边缘化）”。

●种植自己喜欢的农作物

话虽如此，但实际上还是因为我本来就喜欢草莓，这一点的影响也很大。草莓外表可爱，种植起来也很有趣。我脑中时常浮现，如果办一个采摘草莓之旅的话，就会有很多人来吃草莓的这样一个情景。草莓无论是做成果酱、果汁还是其他任何什么，都很美味。总而言之，我觉得草莓是可以量产笑容的一种水果。

所以说，市场分析和直觉这两方面都很重要。

因为与你不想种植的农作物一直接触下去是很难的，所以很多人选择“种植自己想种植的农作物”。你要独立从事农业的话，就不能忽视这个要素。比如本来就不喜欢青椒的人是不会选择种植青椒的。因此，种植自己喜欢的农作物，绝对更有趣，也更有成就感。从事农业后，我强烈地感觉到收获的喜悦是非常特别的。

●从你理想的生活方式开始考虑

在与你理想的生活方式有关的模式中，也有人选择少量多品种栽培，他们采用只向少数客户进行销售的方式，同时又能养活整个家庭。

另外，出于即使是大规模投资也可以得到回报的经济上的原因，以法人名义从事农业的企业多是选择像草莓或西红柿这样市场规模足够大的农作物。

• 重视销售额的稳定性

另外，还有一种是重视低波动性（差异程度），而选择产量可重复性高的作物种类和种植模式的模式。例如，生菜的人工照明型植物工厂就属于这一类型。只要公司准备好相关设施，基本上每年就可以以相同的规模和成本进行持续再生产。

由于市场价格是已知的，生产量也是已知的，所以即使是保守型的企业也很容易获得投资批准。如果再通过合约耕种等方式匹配销售渠道和卖方，确定销售价格的话，就会更加稳定了。

当然，从中长期来看，会受到生菜价格走势的影响，所以说也不是完全没有风险的，但它是属于风险相当低的类别了。

到目前为止，我们探讨了你需要考虑从事农业的目的是什么，哪种耕作方式好，有多少自有资金，以及自己的强项和弱项等“内部环境”。

然而，在选择作物种类和种植模式时，不仅是内部环境，正确把握市场趋势、竞争对手的动向和人口动态等“外部环境”也很重要。这是因为外部环境的一些变化是个人无法控制的。

因此，无论是哪种模式，最好是先大概查一下你打算种植的农作物过去 10～20 年的生产量、消费量、市场平均价格的变化。

这些信息在农林水产省的网站或农业相关的白皮书中可以查询到。

与此同时，还要留意以下几点。

▶ 消费量低的农作物更难种植

消费量高的农作物是相对可以安心种植的。这是因为，无论是过于丰收还是歉收的情况发生，市场都会给消化吸收掉的。

但是，与消费量大的农作物相比，消费量低的农作物的生意，就比较难做了。

虽然会有一定的市场，但市场规模小的农作物价格波动会很大。这一点恐怕不仅局限于农作物吧。

比如一个有 100 个买家的市场和一个只有 10 个买家的市场，受一个买家的行动影响较大的，肯定是买家少的市场，对吧？

如果是按 10 个买家的需求量来种植，结果其中 3 个客户决定不买的话，对生产方的影响是巨大的。

而且，针对这样的市场，生产方（卖家）最初肯定是按“只有 10 个客户”的量来计划生产的，如果遇到歉收，就会导致“今年只能生产 5 个客户的量”，或者突然需求大增，“即使尽最大的努力也只能做到满足 20 个客户的产量，却突然被要求生产 100 个客户的量”这样的情况发生的话，价格自然就会大幅波动。

例如，杧果的情况就是如此。它是一种易受趋势影响、嗜好性非常高的作物。之前宫崎县来了一个有名的知事①，杧果一下子流行起来，价格也上涨了不少，而流行一旦结束，价格也就骤降了下来。2007 年，全国杧果的平均价格飙升至每千克 4922 日元，发货量大增，以致仅仅 3 年后的 2010 年，价格就降到了每千克 3198 日元。

但如果是像草莓这样的，平常都是被放在蔬菜水果卖场最显眼的位置、购买量很大的农作物的话，其价格的波动就相对较小。

关于根据市场的大小不同，难度也会不同这一说法，如果你想象一下，在日本办英语学校，和在日本办印尼语学校的话，哪个会更困难，就可以理解了吧。

当然，这并不是说“不应该种植杧果”，而是说需要在理解杧果是“这样的农作物”的基础之上，去制订相应的战略才可以。也就是说，以销售量不多为前提，考虑一下向市场营销和品牌建设投资，并想办法以高价出售。但是，这跟“大量种植后通过农协销往市场”的农作物相比，难度还是比较高的。

▶ 并不是“容易生产且单价高=可以推荐给新务农者”

经常有人问我，有哪些作物是新务农者也可以容易上手的呢？

市面上大多数“推荐给农业初学者”的信息，都只是单纯地推荐“容易种植”的作物，我认为这种思维方式是有问题的。

---

① 知事是日本一级行政区的行政首长。

比如，近几年，香草很受欢迎。虽然是叶菜，但相当容易种植，因为市场对它的需求正在增长，所以销售价格也在上升。

值得注意的是，尽管市场需求正在增长，但它本来是一种嗜好性高的小众产品。它不像菠菜，可以焯好了拌着吃，可以随时随地被端上人们日常的餐桌，它也不是人们为了获取营养而吃的食物。像香草和香菜这些容易种植且单价相对较高的农作物，之所以被忽视（或曾经被忽视），就是因为它们是小众产品。即使你认准了并加入这种农作物的市场，虽然也能一时获利，但如果有大公司突然加入进来，就会实现全年低价大量生产，单价自然就会急剧下降。不要因为绝对消费量较小的小众产品农作物的单价高就轻易跳进去。即使是你喜欢的农作物，如果最终变得只能以低价出售，你将会无法生活下去。

另外，也有人说“种葱好”或者“种茄子轻松”等等，但是越轻松的农作物，种植的人也就越多。

如果是市场需求很大且容易种植的农作物，那就没问题。不过，请不要忘记，越是容易种植的农作物，竞争对手也就越多。

当然，推荐“种植 ×× 好”的人，大多数情况下只是因为他们喜欢种植那种农作物，或者他们种植得很成功，所以也想推荐给别人，他们并没有恶意。

甚至连我也是，因为我在我的新就农学校里教如何种植草莓，所以从这个意义上说，我也是在向他人推荐草莓种植。

如果是自己已经有过种植经验的作物种类和种植模式，因为已经对其好坏之处都有所了解，也有应对的窍门，所以向别人推荐它们也是很自然的事。

然而，别人推荐或告诉你的只不过是那些人的做法，问题是，例如“大量种植葱”这个做法，是否符合你心目中的经营方式，或者是否符合你从事农业的目的。如果跟你的目标方向完全不一样，照搬别人的做法是很危险的。

这就是为什么我不向想要从事农业的新务农者简单地回答“绝对推荐草莓”或者“这个绝对好”。

▶ 避免种植那些未来市场可能会大幅减少的农作物

你可能在想，“别卖关子了，赶紧告诉我们具体的选择方法的重点吧”。

在选择作物种类和种植模式时，有一点你绝对不能忽视，那就是钻到在未来市场可能会消失的农作物里是很危险的。

如果你差不多已经确定下来“要是种植的话就选这个”或者“因为是继承父业，所以别无选择只能种植这个”，建议你去对该作物的市场规模和中长期趋势做一下了解。

比如，一定不要选择市场将在 10 年内消失或急剧下降的农作物。基本上，新务农者应该避免选择已经处于下降趋势的农作物。

▶ 受进口产品威胁大或易受政府政策影响的农作物的难度也很大

此外，那些受进口作物高度威胁的农作物和那些依赖政府农业政策的农作物（补助金的重要性对其来说是生死攸关的，例如根据补助金的有无变化很大的农作物、由于法律的频繁变化而难以应对的农作物）的难度会更高。

一个典型的例子就是大米。日本自1970年以来一直实行的减少大米生产的政策，最终在2018年被废除。从那之后，每个日本人都可以不受限制地种植水稻。这样的话，我们不知道未来大米的价格会发生什么变化。到目前为止，一直是以“差不多可以按照这个价格出售”来逆向计算做设备投资的人，今后的估算就会有失误的可能性。政府向进口农作物征收高额关税的方针，是日本国产大米得以维持在日本国内销售价格的主要因素。但我们也不知道在中长期内会发生怎样的变化。

本来，除水稻外，很少有农作物因“不可以种植这个”而被限制种植。但即使你考虑种植的是其他农作物，也请务必跟紧农业的相关政策和法律的动向。

▶ 还要考虑到日本人整体生活方式的变化

举一个甜瓜的例子。

1988年的时候，对甜瓜这种水果，日本国民人均年消费额约为1000日元。可是到了30多年后的今天，粗略地说，甜瓜的人均年消费额还不到500日元。我不确定在30多年前能多准确地预测到这一点，但无论如何，结果就是那些当时以为“会有国民人均年消费1000日元的市场”而投资甜瓜的人，很多都失败了。

所以你应该去把握，你计划种植的品种多是以什么样的方式被消费的，以及将来会变成什么样。

当然，你不要依靠自己的臆断，而应该跟踪收集市场规模和购买者人均单价等各种数据，还有就是采访客户收集信息。

为什么甜瓜市场会跌得这么厉害呢？

是过去用于礼品市场的消费量很大的缘故。

除了甜瓜以外，还有许多其他产品也受到了中元节和年末送礼文化本身衰退的影响。

在过去，高档品是用来送礼的，而现在人们改为讲究实际需要，也就是人们买来质量好的东西自己吃。

此外，随着日本小家庭化和出生率的持续下降，又圆又大的、需要切成片吃的食物的消费正在迅速减少。这要么是因为吃不完，要么是嫌切开吃麻烦，要么就是因为供小家庭用的小型冰箱根本装不下。

甜瓜消费已经向纯粹的高端奢侈品和廉价产品的两极进行分化。那些中等价格的甜瓜种植者的日子最难过。

让我们再举一个熟悉的例子，橘子。

20 世纪 80 年代之前，日本人一提到橘子就会联想到“整箱地买回去，然后坐在被炉[①]里吃”的景象。但是，现在有多少日本家庭会有被炉呢？又有多少日本家庭会整箱地买橘子吃呢？

我想现在大多数人都是买袋装的。即使买了整箱的，你也吃不完，而且也没有可以送的人吧。因为现在人们跟邻里间的交流已经变得很少了。

也就是说，橘子的最小购买单位已经发生了变化。这也就意味着，现在什么样的产品能够卖得出去（从消费者的角度来

① 被炉是日本人在冬天使用的生活用品，将炭火或电器等热源固定在桌下，然后在木架上盖一条被褥，防止热量外流。

看，就是“想买什么样的东西”），已经和过去不一样了。

▶ 看清隐藏在数字背后的消费者心理

我们已经知道，各种食品的消费趋势，会受到社会转型、生活变化、行情和经济变化的影响。

那么，我们该怎样去调查呢?

通过原始信息和数据去了解过去10~20年的趋势是很重要的。

调查农作物市场规模的大小很容易。

首先，看一下农林水产省的统计数据，这可以让你对这个趋势有所了解。

在种植草莓前，我不仅查看了日本政府的网站，还查看了政府部门发布的白皮书。

不过，尽管各种网站和白皮书上都有数字和图表，但对于“为什么增长了？为什么下降了”以及背景大多没有解释。你需要通过自己的思考或者阅读有关日本整体消费趋势的书籍来补充对这方面的了解。

此外，即使你选择通过农协销售产品，也应该去亲眼看看你打算种植的农作物的终端消费者都是一些什么样的人，以及他们是怎样食用的。如果你没有准确地把握终端消费者想的是什么、他们购买的时候追求的是什么，就有可能导致在设备投资和生产规划方面做出错误的决策，这是很危险的。

通过农协销售产品的话，虽然向农协发完货，你的活儿就结束了，但即便如此，你也最好去直接了解你的客户对产品的想法。你应该通过定期访问直销点等方式，始终保持对消费趋势的跟踪。

也要关注整个世界的趋势

在你对日本国内的趋势有了一定的了解后，还应该“从全球市场的角度来看一下日本的市场”。

我在前面提到，应该谨慎对待受进口农作物威胁大的农作物。即使目前威胁不大，最好也能对海外趋势有一个大致的了解。

日本正在面临的状况是，人口逐渐减少，经济方面也不太可能有明显增长。因此农产品整体市场的萎缩将是不可避免的。

如果市场处于上升趋势，你只需要考虑你的公司或你所在的产地在日本如何发展就足够了，但鉴于市场这块“蛋糕”正在缩小，所以你一定要关注一下你的公司、你所在的产地和你的产品业务在世界范围内会如何变化。

我在前面提到过，“出口农产品并不像听起来那么容易”。话虽如此，但随着物流技术的发展，事实上世界各国之间的距离正在缩小。所以在无论是出口还是进口都将变得更容易的前提下，你要时刻保持对市场的敏感性。

当然，在开始从事农业之前，你应该很难考虑得非常具体，所以没有必要在现阶段就提出具体的想法。

不过，你最好记住要随时思考“有没有取得突破的机会”“如何种植在全球市场中具有竞争力的农作物”这些问题。

即使在日文网站上，也可以看到大量其他国家农业和饮食业的相关新闻和分析文章，所以一定要定期查看。

比如，你发现“邻国已经开发出一种可以大规模生产美味食品的技术，而且他们的目标是将业务扩展到运输成本不高的日本”这样的信息的话，那么今后你的业务状况就会变得严峻了。

思考和准备对策也是需要时间和金钱的。要留意外界对你的威胁，以便能尽早地发现它们并尽快采取行动。

可能的话，查阅与农业相关的英文网站和新闻也是一个不错的主意。

互联网上的英文的农业相关信息比日文的多得多。那些看起来非常重要的信息，即使是花费时间，也值得阅读一下。

关于外部环境的探讨结果是：

- 市场规模超过了一定的水平；
- 市场上的单价是稳定的（没有大起大落或处于下降趋势）；
- 该作物种类和种植模式在中长期内是可能维持下去的；
- 从全球角度来看，在日本种植这种农作物是可持续的，也是有优势的（输给进口农作物的可能性不大）。

这样的话，我们就可以进入种植方法和销售方法具体细节的话题上了。

当然，即使不在这些结论范围内，如果也能采取对策，你仍可以挑战一下试试。当然也会有因为是继承父母的土地等理由，“虽然不在这些结论范围内，但别无选择，只能种植这个”

的情况。在这种情况下，你别无选择，只能根据农作物的品种，制订适合它的“作战”方法以及可以取胜的方法。

▶ 如果有想要生产的农作物，那就不应该放弃而选择其他农作物

到目前为止，我们已经谈了各种“你应该好好地去探讨的事情”。

但是，如果这导致你本来有想种植的农作物，却产生了“算了吧，还是从别的农作物开始干吧”这样妥协的想法，我不建议你真的就此放弃。

因为即使你去种植别的农作物，也不会积累到跟你真正想种植的农作物相关的经验。

如果你今年不开始种植，那么你的下一次机会将不会是下个月，而是明年。 这就是农业。

没有什么比时间更重要，如果你想做，就应该立即去做。在农业上，一年的时间差距是很大的。

另外，还涉及设备投资。

温室大棚基本上是为特定的农作物而建的，同一个大棚将来可能无法种植另一种农作物。转作往往很困难。因此，如果你的计划是“先种植这个农作物后，再种植另一个农作物”，你最好从一开始就建一个可以轮换使用的大棚，或者选择可以在同一个大棚里种植的两种农作物。

在我们 GRA 农场，当初我们建造草莓用的温室大棚时，就把它建成了将来也可以种植西红柿的样式。西红柿种植所需要

的能够引蔓的设施，对种植草莓来说是不需要的，但我们打算将来也能种植西红柿，所以就安装了。至于我们为什么选择了种植草莓和西红柿，原因之一就是它们都有很大的市场。

▶ 思考如何才能做好多品种农作物的种植工作

即使想少量多品种种植，我也建议你采用一个一个地逐步增加作物品种的种植模式。最好是一边设想最终会是一个什么样的投资组合，一边学会种植一个品种后再进行种植下一个品种。

种植多品种农作物的时候，自然会比只学习一种农作物要花费更多的时间，而且每种农作物的种植难度也不尽相同。

如果你不是“逐一掌握”，而是同时着手进行，那么对于种植难度高的农作物，你很有可能无法熟练掌握它们的种植方法。

看一下成功的多品种农作物的种植者，你就会发现，他们拥有负责西红柿的专业人员，还拥有负责黄瓜的专业人员，他们是以不同的农作物由不同的专业人员来分工合作的方式推进的。如果你盲目地种植多品种农作物，那么很有可能会半途而废，所以如果是法人的话，尤其建议实行分工合作制。

即使你是一个人或家族经营，只要劳动负荷高的季节可以分散到夏天和冬天的话，那么，多品种农作物的种植也是有可能做得到的。

不只专注于一种农作物，而是从各种农作物的组合来考虑，这种做法本身完全没有错，而且有很多农民也是这样做的。

组合作物的主要目的是分散经营上的风险——即使一种农

作物的市场状况不佳，也可以通过其他农作物来弥补。

当然，也有为了实现销售额和利润最大化而选择多品种农作物种植的情况。

建议根据不同的目的，按以下轴线去考察和组合农作物：利用土地的类型（露地）和利用设施的类型；夏季劳动负荷高的农作物和冬季劳动负荷高的农作物，以及虽然需要大量工时但单价高的农作物和单价虽低但即使放着不管也能自然生长的农作物……

除了增加农作物的品种，还可以通过发展单一作物的第六次产业化来减少风险。

话虽如此，正如我在本书第 1 部分中写过的那样，我基本上不建议你轻易地去实施第六次产业化。不过，根据你的做法，你可以通过在收获季节以外的季节去经营第二产业（如制作加工食品等）或第三产业（如观光农场等），不让闲暇季节出现，以创造全年的就业机会。

那么，

第一步，用语言来表达你从事农业的目的。

第二步，决定你想要的生活方式（收入、时间的使用方法）。

第三步，思考你的作物种类和种植模式（培育方法、专注点偏好）。

这三步大概都弄清楚后，就是时候把它们分解成更具体的数字了。

案例2　多品种农作物露地栽培的选择——内藤靖人先生的案例

内藤靖人

领域：露地多品种蔬菜

1985年出生于埼玉县新座市。现居住于宫城县山元町。

从东洋大学社会学系毕业后，在一家丰田新车经销商处担任过销售员。工作不太顺利，他于2010年辞职。2011年东日本大地震发生后，他来到母亲老家所在的宫城县做志愿者。当地人告诉他“山元町是一个人口逐渐消失的小镇”，而且与他一起工作的许多志愿者都表示“虽然对农业很感兴趣，但不知道该怎么去做”，因此他就想“要是自己作为一名农民获得成功的话，就可以作为一个示范案例，吸引那些想从事农业的人来到这个小镇上”。在宫城县参加了半年农业培训后，内藤先生于2013年夏天一个人开始从事农业。目前，他和在参加宫城县农业培训时结识的伙伴两个人共同经营，目标是将来扩大经营规模。

内藤先生的志向是“想成为新务农者的收容港湾”，为此，他希望能拥有种植各种农作物的技能，出于这个原因他从事了多品种农作物的种植。然而，从无数的农作物当中，他是以什么样的标准进行选择的呢？

“首先，我想种植的是大蒜，因为它是‘能让人感到精力充沛的蔬菜’。然后，当我租下一块稻田时，我开始种植茭白。这是一种罕见的可以在稻田里种植的蔬菜，主要产地在中国台湾，但我认为它在日本也可以成为常规蔬菜。如果它成为山元町的特产，也会有助于宣传这个小镇。之后，我们又选择了一些在种植大蒜和茭白的空闲时间可以种植的其他蔬菜。

“我们选择了葱和洋葱，是因为它们的价格稳定，不需要大量人工来种植，而且即使你错过了收获季节，也不会有太大问题。一般来说，9 月收获比较好，但是到了 11 月才收获也没问题。我们栽培南瓜也是因为它很容易种植，而且收获后适合长期储存，可以随时调整销售方式。同样也是因为种植起来不麻烦，我们还种了红薯。

“在茄子种植方面，我们选择的是一种叫“米茄”的大型品种，这是为了减少收获所需要的时间。一般的小茄子收获时会比较费时费力。基于同样的想法，我们种植的辣椒，也是选择个头比较大的‘万愿寺辣椒’。这种辣椒刚收获时非常好吃，在我们把最好状态的辣椒自己亲手卖掉，或直接送到客户手中时，受到了广泛的好评。

“然后，我们还选择在 5 月份种植甜豆角，这是考虑到山元町气候的原因，在 4~5 月份的时候，这里没有多少可以露天栽培的蔬菜。”

简而言之，他们的基本方针是：

1. 种植想要种植的农作物；

2. 在想要种植的农作物的闲暇时，种植相对来说容易、价格稳定，而且可以调整收获时期的农作物；

3. 种植相对于种植面积而言劳动时间较少的农作物。

对于新务农者来说，他们往往只关注初期投资额，但是，不仅仅是金钱，时间也是很重要且很有限的资源。所以除了金钱，“最大限度地提高时间效率”也是很重要的一点。

“我的一个熟人有一个小型番茄农场，听说他们尽管收获季节一直有7个人左右，但还是忙不过来。由此我得到启示，我决定种植一些单个重量比较大的农作物。但是，像米茄那样的不常见的蔬菜或个头大的蔬菜，在市场上是销售不了的，所以必须考虑往哪里销售。不过，我们可以利用这一点，以那些小型蔬菜做不了的料理，以‘牛排米茄’为例，由我们为消费者提供吃法，这样销售起来也觉得很有意思。如果是其他地方没有卖的蔬菜，就会有客户来找我们买。”

然而，我听说内藤先生“为了今后可以吸引各种新务农者来山元町，所以特意选择了在山元町没有人种植的蔬菜”，而就是因为周围没有种同样蔬菜的人，所以他吃了不少的苦。那么，他现在是怎样收集信息的呢？

“在行政方面，我与细心培养新务农者的推广指导中心，以及政府的农业政策小组都保持着联系。

“最了解土地的状况、知道可以种植什么样蔬菜的人是当地的农民。我来自外地，所以附近的农民的存在是令我非常感激的。我和被镇上的人引以为荣的当地关键人物，以及被镇上的权威人物都极为重视的人士也关系不错。另外，我还参加了青年团体，多渠道地收集有用的信息。”

第4步　将10年的经营计划转化为数字

在可以用语言表述从事农业的目的，想象得出你想要的生活方式，并在一定程度上缩小了要选择的作物种类和种植模式的范围后，终于到了把数字纳入10年的经营计划里这一步了。

之所以说10年，是因为投资到农业设备的资金回收需要这么长的时间。

在农业方面，无论是拖拉机还是塑料大棚（管道大棚），其折旧期限通常为5~10年的时间。

我解释一下什么是折旧。

假设你花1000万日元建造一个温室大棚，折旧期设定为10年。

建造温室大棚需要的1000万日元虽然已经全部支付出去，但是在会计方面，不会把全部费用都记录到支付这笔费用的当年账上。

也就是说，建造的温室不会只是在当年使用，至少也要使用上好几年吧。

所以，不管这个温室会不会真的在10年后就不能用了，会计上都会按使用期限是10年来计算，把1000万日元除以10年，也就是每年100万日元计为费用支出。这就是折旧的基本理念（当然，折旧结束后的温室设施或机械设备仍然可以继续使用）。

其中的折旧期限是由日本法律规定的，与农业有关的项目的最低期限为 5~10 年。

因此，至少也要按照折旧结束的期限，或者按照能全部回收创业时的投资金额的期限，来提前做好计划再推进。

因此，农业投资的回收是需要时间的。

这就是为什么对中长期趋势判断失误的话，是很危险的。

例如，“在第一年投资了 1000 万日元，但三年后就不再挣钱了”的话，那就不妙了。

所以还是要按照 10 年来制订经营计划。

很多人会说“我不擅长计算”或“太麻烦了”，但要是你按照顺序一个一个去做的话，其实也并没有那么难。

▶ 从统计数据中了解其他农民的种植情况

你需要做的第一件事，是去调查那些与你选择相同作物种类和种植模式的农民的经营状况是怎么样的。在互联网上有不同作物种类、不同种植模式、不同地区的经营模范样本，所以你可以通过查看这些样本去估算一下大致的数字。

你要看单位面积的收获量和发货量、市场上的单价，以及花费的成本。

虽然，通过这几个数据你只能了解“种植后，以市场价格销售”相关的情况，不过先把这些数据拿过来看一下也是很重要的。

此外，“其他的一般情况下的、平均来看的农户的经营状况是什么样的”，关于他们的模范样本和基础情况，你也需要去了解。

并且将其与自己理想中的生活方式、想获得的收入以及能负担得起的初期投资额进行比较，确认你可以选择的方案，然后决定下一步该怎样做。

不仅仅是作物种类，要是连种植模式也没有决定的话，你就无法进行下一步的计算。因此，根据现阶段的设想，请列举出几个候补来选择一下吧。

作物种类的选择和种植模式的选择非常重要，不过在那之前，我们最好还是先来了解一下种植模式是指什么吧。

借用明治大学特聘教授佐仓朗夫先生所整理的内容，“种植模式”是由三个要素组成的：“种植环境”，指的是所在地区的气候风土和季节性，如合适的温度和土壤；“品种”；“种植管理技术”，如防热防寒措施和病害虫防治。

当然，各地区的气候和天气条件是有一定差异的。种植模式就是为适应该地区的天气、环境因素和日照条件而被构建出来的“模式”。

例如，在九州，即使在冬天也有很长的日照时间和温暖的气候，所以温室大棚种植的话，夜间也不需要使用电灯照明。但是相反，在日照时间短的地区，夜间的电灯照明是必不可少的。

也就是说，每块土地都有一个适合那块土地的种植模式。任何过于偏离适合当地土地的种植模式的做法都不可能有好的结果。即使是在你第一次听说时，就让你感觉到不合理、不自然的做法，你也要想一想“为什么在这个地区人们要这样做”。当你就此做了调查并与当地人交流后，你就会明白“哦，原来是因为这里的冬天会下大雪，所以他们在这个季节会这样做”。因此，去了解当地的地域特性是很重要的。

因为每个地区都有适合当地的种植模式，所以要先从正统的农作物开始考察吧。

如果你对种植什么作物以及都有什么样的种植方法还不是很确定，你可以按以下两个轴心考虑进行选择：

蔬菜 or 谷物 or 花卉 or 果树 ×露地栽培 or 设施园艺

露地栽培和设施园艺相比，即使种植的是同一种农作物，其劳动强度（工作的辛苦程度）和成本与收益之间的关系，也是完全不一样的。

另外，即使都是露地栽培，蔬菜和谷物也是完全不同的。

同样是设施园艺方式，可食用的农作物和不可食用的花卉等作物，以及果树之间也是不一样的（水稻，由于关于它的论点多得足够写出一本书，再加上政策性的价格变化很大，所以本书将不涉及这个内容）。

虽然听了这么多，但还是不知道具体该怎样缩小选择范围，是吧？

如果你在搜索网站上输入“某某县　作物品种名（草莓或圆白菜等）　种植模式”、“某某县　作物品种名　经营收支”或“某某县　作物品种名　经营指标”等进行检索的话，就会搜到日本各地区的相关资料。

还可以把你想种植的农作物、与你设想的劳动方式接近的农作物，以及你想去劳动的地区等，组合成几个检索词，去网上检索查询一下。

可能这些信息对初学者来说很难理解。但只要阅读你能理解的部分就可以，在重要的部分如果遇到看不懂的词语，就请一个一个去查并弄明白是什么意思。

然后根据这些资料中的数字，去制作一个包含初期投资费用、所需经费以及预期收入等内容的估算表格。

▶ 如何创建一个 10 年的经营计划

步骤 1：销售额

首先要估算销售额。

销售额 = 发货量 × 市场平均价格

发货量和批发市场的平均价格，可在日本农林水产省的网站或每种农作物的就农手册中找到。

然而，对于任何一种农作物来说，要想站稳脚跟（获得技术诀窍）至少需要 3 年的时间，我觉得这样来看才比较稳妥。

保守一些，按第一年只能达到平均产量的 60% 左右预估产量，然后产量逐年提高，5 年后达到平均的收获量和发货量的水平来估算的话，是比较稳妥的。

步骤 2：初期费用

接下来是费用。

费用分为初期费用（初期成本）、维护费用和持续费用（运行成本）。

首先，让我们计算一下启动你正在考虑的种植模式所需的初期费用。

初期费用中占比较大的，应该是拖拉机等农业机械和温室大棚等设施吧。针对这些的设备投资应该会占到初期费用的绝大部分。

如果你打算生产多品种农作物的话，即使最开始并不是所有的品种都栽培，你也应该建造一个适合栽培你设想的所有品种农作物的、通用性高的塑料大棚。

至于温室大棚的市场价格，通常很难找到详尽的信息。你只能在网上寻找，并要求几家公司在你实际下订单时同时给你报价。其原因是，与建好待售的住宅不同，塑料大棚没有一个固定的模式。农田的形状和农户的喜好也是千差万别的，几乎所有农户使用的都是“这里多少米，管道应该这样倾斜”这样的专用合同定制类型的大棚（因为没有基础定价，成本对农户来说就像是个黑匣子，所以很难出现价格竞争，因此成本也就一直居高不下。这个现象是这个行业中的一个很大的问题，但它不是我们要讨论的主题，所以本书中不会涉及该部分内容）。此外，塑料大棚虽然也有专门做搭建的承包商，但在大多数情况下，基本上都是自己组装。

你可能会想，“如果事先不知道大棚的价格，怎么能估算出初期费用呢？”

思考的顺序是这样的。首先按照一个大棚的面积所能收获多少的量来估算收获量和发货量就可以。

我在前面说过，在网上可以查到每种农作物的市场单价，那么按照发货量 × 单价计算，就可以预测“销售额大概是这么多”了。

这样的话，你就可以估算出在大棚上应该投入多少成本，以及投入的成本绝对不能超过什么标准了。

一般而言，我们希望折旧成本控制在销售额的15%～20%。占到20%的话，初期投资就算是偏高的了，通常情况下会低一些。

根据日本农林水产省公布的农业经营模范样本数据，使用温室的蔬菜的设施园艺的话，设施成本（折旧费）在农业经营费中所占的比例为13%。

同一个资料显示，在日本，每10公亩的温室大棚的价格为1200万日元，玻璃温室的价格为2300万日元（当然，这只是一个平均值，如果是高性能的大棚，即使是塑料大棚也有价格在2500万日元左右的。顺便说一下，10公亩 = 1000平方米 ≈ 1反。这相当于3～4个25米游泳池的面积）。

当然，如果你投资高科技设备，那么初期投资费就会很高，折旧费用也会很高。但这些投资真的会提高单位面积的利润吗？这一点要好好想清楚。

例如，就草莓而言，即使你将初期投资增加1倍，也很难将单位面积的产量提高1倍。换句话说，草莓是一种对设备投资敏感度低的农作物。而对于西红柿，如果你的投资增加1倍，单位面积的产量会提高 2 或 3 倍。所以重要的是，不要对即使投资了设备，但其产量和质量也不会发生改变的农作物进行不必要的投资。

也有一种模式，如果产量不需要很高，或者有承担天气风险的心理准备，设备投资就不要高于平均水平。

根据网络上一般的农业经营模范样本，或者根据可以作为你的榜样的有经验的农民，来想象你理想中的经营实体是必要的。

为了确定选择哪种农作物和种植模式最适合你，一般都要多做几个比较和估算。不要一上来就把目标定为“用这种种植模式栽培这种农作物”，最好是经过数字比较之后再做出决定。

你要考虑每种情况下的初期费用是多少，可以出多少自有资金，自有资金不够的情况下可以利用怎样的补助金，以及是否还有其他筹集资金的方法（关于筹集资金的方法会在后文阐述）。

如果无法筹集到预测的初期费用，请反思你从事农业的目的以及你所期待的生活方式，并重新评估，看看是否可以在不使轴心失去平衡的前提下找到可以变更的地方。

当然，不要轻易妥协，在尽量摸索可以实现你原来方案的办法后，再去筹划第二个最佳方案。

步骤 3：维护费用和持续费用（运行成本）

初期费用大致算好后，下一步就是估算维护费用和持续费用。

请查找出你打算加入的作物种类和种植模式的成本结构（原价结构）。

此时你可能在想："在哪里可以得到这些数据呢？"

水稻等一部分农作物的数据，可以在日本农林水产省网站上的"农产品生产成本统计"栏中找到。

另外，如果你看了几个在前面提到的按"都道府县 作物品种 经营指标"检索出来的资料后就一定会发现，该都道府县是以什么样的经营模范样本来进行种植的平均数据。在那里你可以找到有关销售额和成本的一般性数据。

成本结构体现的是，该商业模式中的事业主体（换句话说，就是你或你的企业）需要负担的所有金钱方面的成本的细分。

人工费（劳务费）、折旧费、水电光热费、肥料费用、农药费用、租金、保险费用，以及用于设备投资的债务偿还金额……这些是成本的主要组成部分。

大多数情况下，成本中占比最高的是人工费。

确定运行成本后，再将其分为固定成本和可变成本。

固定成本是指那些无论销售额多少或生产规模有多大，都需要花费的一定金额的费用。

可变成本是随着你生产越来越多的产品而增加的成本。

典型的固定成本包括折旧费、租金和保险费用等。

典型的可变成本包括水电费和化肥费用等。

人工费（直接劳务费）属于哪一种成本呢？这是一个在簿

记、会计和公司经营书籍中必然要提到的问题。答案根据个案而有所不同。根据作物种类和种植模式的不同，有时候将其作为固定成本处理会更好一些，有时候则是将其作为可变成本处理会更好一些。

然后，我们计算出每项成本占总成本的百分比。

由此，就可以弄清楚是固定成本占比大的“固定成本类型”，还是可变成本占比大的“可变成本类型”了。

而根据是固定成本类型还是可变成本类型，你所采取的策略也是不同的。

规模经济对固定成本类型的种植有效，但对可变成本类型的种植并没有多大效果。

那么，下面我们就来探讨一下是大规模种植好还是小规模种植好吧。

例如，草莓、果树和露地生菜属于劳动密集型（可变成本类型）。

相比之下，香菇和豆芽等设备投资金额大的属于资本密集型（固定成本类型），其利润结构和生产方式几乎均近似于工业产品。由于香菇和豆芽等是在室内设施中靠人工光源生产的，因此跟工厂型的 PL（损益表）很接近。

大多数上市的农业法人公司，经营像香菇和豆芽那样的资本密集型产品。相反，纯粹的劳动密集型的农业法人想要使业务规模化（扩大）就很困难。

通过比较不同品种作物的农业经营成本中的人工费和其他

费用，你就可以看出来哪些人工费是可变成本类型，哪些是固定成本类型。

对不善于处理数字的人来说，这可能是一项烦琐的工作，但它也是你从事农业（也和你的生活相关）的一个非常重要的部分。所以请对自己感兴趣的作物种类和种植模式一定要好好地做个全面的研究。

▶ 对收入和支出有了一定的把握之后，就可以考虑其他选择

看到这里，你应该对销售额和费用支出有了一个概念，并对作物种类和种植模式是固定成本类型还是可变成本类型有了一个大致的了解。

从现在开始，为了更加接近你从事农业的目的和想要的生活方式，我们要开始确定方针，并考虑如何做选择。

例如，要考虑为了实现你的收入目标，是“廉价生产、大量销售，还是通过提高质量和单价来增加收入”之类的问题。

当然，为了提高销售单价，选择不通过农协而是自己直接销售产品的话，是会产生额外费用的。比如说，为了开拓销售渠道而雇用销售人员的话，会产生人工费；把产品摆放在店面显眼位置或在网络上做广告的话，会产生宣传费用。

为了以比市场价格高 1.5 倍的价格销售产品，你需要多少宣传费用，或者你能出多少宣传费用？

关于这部分相关内容，在互联网上大多是找不到可参考的信息的。

因此你必须自己去获取信息。

具体来说，你可以去当地政府的农政课咨询、询问有经验的农民，拜访大学或其他机构研究农业科学的教授，去看看国外的前沿案例，参观农用物资和温室大棚制造商的样板房，等等。

虽然人们常说“农业比较封闭”，但我认为还是会有很多人愿意将自己从事农业过程中的经验和教训告诉你的。无论是农业经营还是农业耕作，那些切身的经验和知识，如果不向农户请教，你是无法弄明白的，所以说前辈农户掌握的信息是非常宝贵的。

然而，农户并不是万能的。例如，农学研究机构的教授们就拥有关键技术的最新实例。一位专门研究病虫害防治的教授会比农民更了解这个领域。无论现在是否可以立刻应用到农业上，专业性技术高的最先进的信息是可以在农学研究者那里找到的。

掌握了整体概况之后，你就可以深入研究可能对你有用的专业领域的信息了。

另外，如果你想在估算所得收入时把自己的劳动按小时工资进行换算，可以按照各种农作物的就农手册中记载的单位面积的劳动时间进行计算。

也许你只通过销售额和费用支出的估算就认为“竟然能赚到不少钱”，可一旦你需要的劳动时间超出了现实的话，那么你就需要重新进行估算了。

首先，小时工资的计算方法本身只是一个参考，请不要忘了在现实中，除了耕种以外，还有许多其他琐碎的劳作和农活会发生。

现在，关于作物种类和种植模式，以及销售等，你是否已经心中有数了呢？

请不仅准备一个“一切都进展顺利的情况下会这样”的固定计划，还要准备一个最坏情况下的计划和事情进展相当顺利时的最佳情况下的计划。这与其他任何业务要制订的业务计划是一样的。

重要的是，要事先有一个如果事业向下或向上发展时会发生什么的概念。

开始从事农业后，需要根据这个估算表进行微调。

不过，在开始从事农业前，就应该在脑海中有一个数字的概念。

如果你的账目估算比较粗略，你将无法经营下去。

因为这不是家里的菜园，你应该精确到把1升的化肥都估算进去。

当然，没有人从一开始就是完美的。

你只需要随着经营技能的提高而不断提升自我就可以了。

事先的计划和实际情况之间的差异有多大，可能因人而异。

即使就我而言，也会有根据不同的项目或年份，有些项目是上升的，有些是下降的情况（尽管总体的经营要比预期的好得多）。

如果只说好的方面，比如有这些：销售价格比计划的要高、单位面积的产量比预期的要高，或者投资的效率变得更好了，等等。

下面我们将谈一下筹集资金的方法和收集信息的方法。

案例3　我为什么放弃—— 一个香菇种植者的案例

佚名

出生于工程师家庭，从小学5年级开始住在东京世田谷区。

大学毕业后，他以应届毕业生的身份在一家外资金融机构工作。虽然在事业上稳步上升，但受到雷曼金融危机的冲击导致整个团队被裁。在金融机构进行调查工作的过程中，他对农业产生了兴趣，所以去了八岳的农业学校、神奈川农业学院学习，同时从神奈川县的一个香菇农户那里买下了香菇业务，开始从事农业。然而，一年半后他就决定退出了，将业务转让给一个朋友后，他重新返回到了金融界。他有妻子和孩子。

这位先生手上有几千万日元的资金，进入农业领域是为了能赚大钱。有一定比例的新务农者基于自身充裕的资金，从一开始就以资本密集型或土地利用型农业为目标，瞄准了规模化生产。遗憾的是，他最终退出了农业。他是在哪个方面偏离了计划，又是在哪个时间节点上决定退出的，这些可以说是新务农者必读的内容。

首先，他是如何制订香菇这个作物品种的业务计划的呢？

“我在互联网上查找了日本每个县的经营指标，并用 Excel 做了计算。因为设备投资需要花费 7~10 年去折旧，所以我做了一个 10 年的计划。但肯定会出现例如建筑维修费等其他我们没有预计到的突然开支。”

然而，并不是“突然开支”的问题，迫使他对计划进行了重大的调整。

“最初的 3 个月非常顺利。因为是寒冬，所以香菇很好卖，生产也很顺利。就在我想着‘也许能做到 2000 万日元的年销售额’的时候，日产系列的一家零部件公司在爱川的工厂关闭了，导致我们的销售额急剧下降。另外，我们一直在向只用 1 台轻型卡车就可以运达的商圈，以 100 克 298 日元的价格销售的香菇，变得价格不降到 200 日元以下就卖不出去的状态，超市的店长也要求我们‘把价格降下来’。再加上，正好因为 2011 年发生了东日本大地震，香菇行业得到了补助金，也使香菇的价格因此而下降。此外，西日本产的蔬菜过去只销售到大阪，但现在连九州的蔬菜也都进入了东京。这就使我们的年销售额第一次在半年内下降到不足 1000 万日元了。

“但是，设施栽培是有固定成本的，所以我想‘这样下去就是每年几百日元的损失了’。面临着外部环境的巨大变化，现金流变成了负数让我感到害怕。在做工薪族的时候，从来没有过负现金流，但是当你成为一个经营者的时候，有很多东西必须要预付。你就得承受着‘钱就这样不断地被吸进去的话可怎么办’这

样的压力……但是，如果当初我调查了那家零部件公司的动向，就应该会知道他们将要关闭工厂。这是我失败的地方。”

一个失策是“销售额的偏差”。就香菇而言，能够影响其销售额的是“天气和经济状况”。

“如果天气太冷，顾客就不会来超市了。如果天气冷得恰到好处，那么火锅用的香菇就会很好卖。此外，当经济状况好的时候，寿喜烧用的‘牛肉+香菇’这个组合就会卖得很好。然而，如果经济恶化，就会被水煮火锅的‘猪肉+灰树花菌’代替。所以，我应该事先弄清楚，自己要种植的农作物，是在天气和经济状况好的时候好卖，还是不好的时候好卖。”

如果能够以此为前提，结合其他农作物来规避风险的话，那就更好了。

另一个失策，是在成本方面。

“我们后来发现，香菇因为是用手工采摘的，所以其中包含劳动密集型的因素。我们必须在1月的寒冷天气里，在外面摆放大约1000个每个重达2千克的菌床，在水中浸泡12小时，然后再放回去。实际上规模化并没有使成本降低。我们不能像木耳、杏鲍菇、真姬菇那样用机器切割，所以不能像‘雪国灰树花菌’那样实现工业化。不过，即使能够实现工业化，在像北斗和雪国灰树花菌这样的菌类作物之间，却有着激烈的设备竞争。总之，规模经济对香菇并不真正起作用，这也是我失误的地方。如果我们事先做好了调研，就应该知道这一点，所以这也是我应该反省的地方。”

据说从那时起，他们探讨了很多事情。比如：为了做到就算降低销售价格也能赚钱，是否应该将香菇工厂的数量从 2 栋增加到 4 栋？新的温室大棚是否应该花更多的钱来控制栽培环境？为了冬天不用取暖，要不要去温泉旁边种植？使用过的菌床，是否可以加工成锯末去做生物利用？

不过，就算生产得再多，附近也没有地方可以卖。所以，为了把香菇从神奈川拿到东京去卖，他们会重新买辆卡车，然后在运输成本上投资吗？

或者，他们是否要制作成干香菇，或者把它们冷冻起来实施第六次产业化呢？等等。

但这一切都需要花钱。

所以，他在经历了一番“是否要把在公司工作期间为 3 个孩子攒的学费也投进去”的心理斗争后，决定放弃农业，重新回到金融行业。

“我虽然投资了，但继承了我的这个事业的朋友没有投资多少。他们减少雇用员工，通过增加自家劳动的方式经营着。这样的话，销售额就不会增长，最终会陷入萎缩的平衡状态。但如果是我继续做下去，投资的金额就会逐渐增多。但我又无法画出会使这个状况变好的蓝图。

“也许我应该更多地依靠其他人。每个地区都有从事旅游业的人，有在思考地区振兴问题的人，也许我当时和他们联手合作就好了。但我把它看作是‘自己的工作’，直到项目的中期我还在借助很多人的力量，但当经营变得困难之后，我就再也没有求助于别人了。”

我认为在早期就选择退出是很需要勇气的。与这位先生不同的是，固执己见、坚持到他们把所有的钱都投进去，最终被困住的人则更多。

提前考虑好“变成怎样的情况后就退出”这样的退出标准也是很重要的。

然而，更重要的是，在规划阶段就要考虑好，所选的作物种类和种植模式在销售额和成本方面有什么样的特征，以及影响产品可以销售到哪里的环境因素是什么。

农业的投资回报周期很长。尽管如此，它又非常受外部环境的影响。这就是为什么你必须读懂市场，并且看清社会趋势。

第 5 步　如何筹集资金

自有资金以外的资金筹集方法主要有：向家人、朋友和熟人借款；申领补助金、向银行贷款；通过发行股票进行融资。

我们在前文中已经讨论过了补助金的问题。

如果你想申请补助金，请到当地的主管部门（如农林水产省等），或者去你想开始耕作的地方自治体的农政科，向他们咨询。

在第 1 部分中，我提到了“你应该尽可能地使用你可以使用的补助金”。当然，为了获得补助金，你必须提前决定并提交补助金的用途（即使在建温室大棚时不会马上用到，你也可以把它作为能应用于种植其他作物上的补助金来申请）。

所以，在你去窗口咨询前，最好先明确好要种植什么，在哪里种植，以及大概要卖多少钱。因为你要是跟补助金的审批人商量这些事情的话，有些时候他们是给不出答案的。

▶ 如何与看重“业务的可持续性”的银行打交道

向以银行为首的金融机构贷款也是筹集资金的一个重要途径。

银行是想法很简单的投资者，他们并不那么难相处。

日本人往往认为“无借款经营才好”，其实这种想法是错误的。

我认为这是受人们经常谈论的“被高利贷搞得焦头烂额”，以及以高利贷为题材的漫画和电视剧的影响所致。其实借高利贷和以正常利率向银行贷款来经营业务根本不是一回事。

这是因为，首先，你贷款不是用来玩的，对吧？

其次，与高利贷不同，银行根本不会把钱借给那些没能力偿还的经营者。

只要你有既往业绩，银行就会借钱给你，否则他们是不会轻易借钱给你的。

当你开始创业，在一定面积的农田上生产出一定产量的作物，并以一定的价格出售，业务运转良好，只要你能拥有这样的业绩，就可以以低利率贷到款。

只要经营者有持续赚钱的良好前景，就会被认为将能够稳定地偿还贷款，所以就会获得贷款。这就是银行的思维方式。银行的判断标准是业务的可持续性（未来还款的确定性）。

在业务中重要的不是你有没有贷款，而是你的现金流。也就是有多少钱进来，又有多少钱出去。两者的差额就是你的收入。你只要考虑让这个差额变得更大就行了。而银行也是看重现金流这一点的。

因此，重要的是要做一个跟踪记录。

即使规模比较小，只要你能遵循 PDCA① 这个循环，并展示出“我们所做的是有可持续性的”一个盈利模式，银行就会贷

---

① Plan（制订业务计划）→Do（执行）→Check（评估计划与实际情况的差异）→Act（为下一步做出改进）

款给你。

能够借到钱意味着你对外是有信用的。

只要有贷款的机会，你一定要考虑一下。

假设你想建造一个价值3000万日元的温室大棚。如果你不喜欢贷款，想完全靠自有资金攒下3000万日元现金的话，那是需要花费很长时间的。

让我们来思考一下，为了让手头上能够留下现金，都需要哪些步骤。

首先要有销售额，然后是各种各样的费用支出。你能把扣除费用后的净利润都用于投资吗？不，你不能。你必须针对这部分利润纳税，到手的只是缴税后剩下的现金（这被称为“留存利润”）。利润越高，你要缴的税就越多，所以很难保证能剩下来现金。

但如果你能从银行借到贷款，比如说1亿日元，你就可以立即开始投资。如果你能马上投资，你就可以迅速扩大自己的业务。即使利润的一部分用于偿还了贷款，只要你的现金流比贷款前有所增加，那就没有什么问题。

像这样，通过贷款就可以让你更有效地利用时间。

正如我在前文中多次提到的，在农业中，植物是有一个绝对生长周期的，所以时间是比金钱更珍贵的资源。

如果有人对贷款有顾虑，我是很想从后面推他一把的。

▶ 针对新务农者的特殊贷款项目

读到这里，你可能会想“像我这样的计划从事农业的新务农者，估计是不可能在第一年就贷到款吧"，其实方法并不是没有。

如果你能通过（毕业于）像我们的新就农学校这样的民间机构提供的种植者培训课程，证明你"有种植和经营农作物的技能"，那么即使你是一个新务农者，银行也可能会贷款给你。

此外，日本政策金融公库有一个专为新务农者提供的最高可达3700万日元的无利息、无担保的初期资金贷款项目。即使你没有过往业绩的记录，也可以借到这笔钱。

这就是我们所说的制度融资。这在其他行业中是难以想象的事情，但农业就有这样的符合日本国家政策的融资项目。

即使你只有几百万日元（甚至更少）的自有资金，但如果你申请我在前面讲过的农林水产省的"农业下一代人才投资资金"（旧称"青年就农补助金"）的话，你就可能获得最长2年、每年150万日元的从事农业准备阶段的后援资金。

如果你拿着这项补助金，同时去参加培训，并制订在开始就农时就可以获得融资项目批准的经营计划，即使你没有太多的初期资金，也可以通过使用贷款来开始从事农业。

另外，要是以企业的名义参与就农的话，该企业应该有以前业务的业绩记录，所以从银行贷款要比个体新务农者容易得多。

▶ 如何与看重"业务的增长潜力"的投资者打交道

让我们再来介绍一下通过股票来筹集资金的情况。

当你通过发行股票向投资者筹集资金时，将会被以和银行的要求不同的标准来判断是否投钱给你。

银行最关心的是“事业的可持续性”（是否有可以坚持不懈地偿还贷款的现金流），而股票投资者更关心的是“业务的增长潜力”。

股票投资者希望看到他们花钱收购股票的公司快速发展，可以使股票的经济价值超过他们购买时花费的金额。

所以，即使目前的现金流是赤字，但未来会有大幅度逆转前景的话，投资者们也是会投钱给你的。

然而，对于一个 1 年以后或者 10 年以后也想以同样的规格缓慢运营的公司，一般是不会有人愿意投资的。

就风险投资的一般论而言，股权融资更适合于那些有着“与其稳扎稳打，不如大干一番”想法的经营者。

在农业方面，出于反省“二战”前大地主剥削和控制小农的现象，不会因为有钱，就让投资者和投资机构（企业）轻易地参与到农业中来。

《农地法》里有关于合格的农地所有法人（旧名为“农业生产法人”）框架的规定：经营者中的一半以上必须是长期从事农业的工作者（每年从事农业工作 150 天以上者），而且他们必须持有超过一半以上的股份。

因此，非农业人员不可能通过向该法人投资，而获得经营的主导权（持有超过半数的股份，并实质性地操控着经营权）。

如果没有成为合格的农地所有法人，即使可以租用农田，也不能对其持所有权。如果取消成为合格的农地所有法人的条件，农地就会不断被资金雄厚的企业买走。而一旦不再符合企业的经济原则后，就会遭遇因企业的突然“退出”，而导致变成到处都是弃耕农田的状态。所以提高参与进来的难度，在某种程度上讲也是没有办法的事情。

本来，即使你买了农田，也不能像设备投资那样进行折旧结算，所以从会计角度来看，一定要谨慎地考虑到底是买下来好还是租用好。

此外，我想提醒那些打算通过发行股票来筹集资金的人，最好不要指望所谓的风险资本家。从他们的角度来看，因为需要太长的时间来回收投资，所以农业对于他们来说大多是不合适的。

你需要寻找会从中长期角度考虑增长潜力的投资者（比如政府的投资机构等）。

我们GRA公司的情况是，农业者投资方持有70%~80%的股份，非农业者投资方持有剩余的20%~30%的股份。

因为专业性太强，我不会在本书中提及更多关于通过发行股票来筹集资金的内容。感兴趣的话，请参考该方面的书籍或去咨询相关专家吧。

以上介绍了筹集资金的手段及其特点，我希望你已经明白，除了自有资金外，你还有其他许多的筹款方式。

剩下的就是，你需要仔细考虑选择一个最适合你的目标农业的筹资方法。

有了大致的目标后，就去找农政科或者新就农咨询中心，问他们“一般都是怎样筹集资金的”吧。

之后，再去找可以提供制度融资的政策金融公库等银行机构，我认为这样的顺序比较好（顺便说一下，如果你加入我们的新就农支援学校，甚至连金融机构的介绍都包括在我们提供的课程设置中）。

在你真正开始从事农业之后，会发现农业和普通的公司经营是一样的。

你可以向你所在城市的税务师咨询有关会计、决算和报税的问题。

如果你是通过农协销售，他们会向你介绍农业会计用的软件，会帮助你报税，所以依靠农协是一个好办法。

专栏 把经营的目标设定在哪里

各位，请不要害怕对固定成本的投资。

这个理论超出了“尽可能客观地整理好并传达关于从事农业前的思考方法”这个思路的范畴，但我觉得这是今后要从事农业的人一定要知道的事情，所以决定将此内容写进本书。

很多农户非常讨厌固定成本，但无论生产面积是小是大，都需要花费固定成本。

例如，研究开发费用就是固定成本。如果雇用一个研究人员，每年肯定需要花费几百万日元。另外，为了以更高的单价销售农作物而去雇用营销人员，这也是一种固定成本。

我并不是说不让你去做企业所倡导的“减少不必要的固定成本”这样的努力。因为如果不投入固定成本，就不可能大幅度提高经营效率。

在前面已经谈到过，如果是规模经济有效的作物种类和种植模式，建一个大规模的农场，做高额固定成本投资的话是有意义的。这是因为投资效率会变得更高。

然而，即使是被视作可变成本型的作物种类和种植模式，根据你的做法，也有可能将其转化为固定成本型。

下面就以我们GRA公司为例来解释一下。

草莓最初被认为是规模经济无效的农作物，不能用拖拉机或机器人进行一次性采摘，人工成本非常高。要想大量地收获，就需要支付相应增加的劳务费，所以说是一个典型的可变成本型业务。

这一类农作物，不会从“投资的钱越多投资效率就越高”这样的规模经济中获益。

我们所做的，是把它变成固定成本型业务。

这是什么意思呢？

我们创建了一个叫“MIGAKI-ICHIGO”的品牌，使每颗草莓的售价高达1000日元。

一旦创建了一个好的品牌，你越是扩大规模，就越能创造更多的销售额和利润。

假设通常一盒种植成本是200日元的草莓，在超市卖500日元。在支付固定成本的研究开发和营销的投资之后，每盒成本变为450日元，如果这时你仍按500日元销售，是赚不了钱的。但是，如果你通过将其转化为品牌化草莓，并以每盒2000日元的价格出售，那么投资固定成本就有意义了，对吧？（我在这里列出的金额只是为了说明问题而假设的金额，与我们GRA公司的实际成本结构是不一样的。所以，你就把它当作一个思考方式的参考来听吧。）

在GRA，我们有5名研发人员和几名专门从事销售的工作人员。

我们通过加强研发力度，能够稳定而有效地生产出最优质的草莓。通过增加销售和营销方面的专业工作人员，既可以开发高端百货公司等销售渠道，又可以开展符合客户需求的包装和促销活动。

通过同时雇用研发人员和营销人员，并与研发部门共享在“销售”现场获得的信息，可以了解到“什么样的草莓是客户想要的最好的草莓”，我们不仅仅是通过改变“销售方法”，还通过思考“种植什么样的草莓好”这一方面来做到改进。

我们的想法就是这样。

无论是研发人员还是营销人员，在普通的农户家里是找不到这些人的。

但是，我们有“为振兴东北而扩大业务规模”这样的一个使命。

因此，我们采取了这样的战略，从项目的一开始就投入了，当规模扩大时可以从中获得高收益的风险资金（向具有不确定性且风险大，但是一旦成功的话，就可以获得高收益的事业投入的资金）。

但这种方法并不适合推荐给所有人。

如果没有指望能够将投入到营销和品牌建设中的资金和人力转嫁到价格上（即花费的钱可以让售价更高），你就不应该投这个资。

如果不是全心全意地投资，是不会取得好的成果的，所以我们是冒着风险、拿出勇气一下子就把钱投进去了。

投不投到固定成本上，取决于你将你的经营目标定在了哪里。

可以不考虑投资固定成本，把所有的东西都卖给农协，或者通过大量生产，只降低生产成本，又或者只提高生产效率。

哪部分由你自己来做、把自己的强项放到哪里等等，你可以选择的方法是有很多种的。

然而，我之所以特意把这一部分也写进本书，是因为我想让你们知道，即使你的作物种类和种植模式是可变成本类型的，你也是有办法可以做得到的。如果你心目中有了一个目标，那就不要停止思考，去想想以何种方式去实现这一目标吧。

因为我时常感觉到，“日本人不喜欢借钱”“农户不喜欢会产生固定成本的耕种方法”等这样的想法，导致了很多机会的丧失（由于不作为而失去赚钱的机会），所以特地写了这部分内容。

位于宫城县山元町的株式会社 GRA 的办公楼外观

第6步　信息收集和关系网建设

当你从事农业经营时，需要收集各种各样的信息，以及用于开展业务的关系网。

在这一部分，我将要写一下如何去获得信息和人脉。

▶ “共赢”“为地区作贡献”

在谈论具体方法之前，先讲一下你要做好的心理准备。

本来农业是一项需要结合当地资源（土地、水、人，等等）来经营的事业。一旦你选择了一个地方，就不能轻易挪动了。

因此，如果你没有“能为该地区作出多少贡献、能给予该地区多少回报”这样一个大义的存在，是行不通的。这不是在唱高调。

当你从事农业的时候，如果有“只靠自己爱怎么做就怎么做”“只要自己做得好就行”的想法，你是得不到周围人的帮助的，并且会使你在当地的经营变得很困难。

我在前文中提到过，你应该“与当地的传奇人物或现有的参与者紧密合作”，这一做法并不局限于农民。总之，你要在当地找到任何会支持你的人，并努力获得周围的理解。你不要有所顾虑，要积极地向你的地缘或血缘关系寻求支持。总有一天你会有机会去回报他们的。

我还提到过，“农业的交货期很长”和“完成 1 个周期需要很长的时间”=信息非常重要。所以应该时刻关注与农业有关的网络媒体，查看最新的技术和了解最新的动态。

而最重要的是，要创造机会去与掌握第一手信息的农户接触。具体来说，你要去加入一些相关的团体，“以团队的方式去做事”是很重要的。

建议你加入社交网站上的群组或参加当地的学习会，积极地去交流信息。

对农户来说，为了提高生产效率，让 PDCA 高速循环是很重要的。

就算一家农户自己再怎么努力地干，10 年内也不一定能种植 10 次。10 次的数据，根本算不了什么。

要想在短时间内快速完成 PDCA 循环，唯一的办法是以团队的形式工作。

大家一起分享信息的话，只需 100 家农户一起工作 1 年，你就可以得到 100 年的数据。一般来说，仅靠自己做 PDCA 是不够的，重要的是要增加做 PD（计划与实施）的绝对数目。

▶ 分享信息的人才会获得更多的信息

一旦你去参加了学习会，这时你就要把你拥有的所有信息都分享给大家。

以前，也许是由于农村文化的特点，农民自己即使拥有优秀的技术，也没有与近邻分享过。

然而，正因为是邻居，所以更应该能够敞开心扉。

如果你周围的人也经营得很好，就会使该产地整体的价值增高。

请扔掉“自己做得好就行”这样的想法吧。

如果你有自己发现的诀窍，并与他人分享，让更多人使用，你会得到独自干的时候注意不到的一些反馈，从而使你的技术得到进一步提升。

你不要想着“自己一个人干”，要跟你的关系网共享。

你是不是会想，“如果那样做，岂不是会失去竞争优势”？

但是，你的竞争对手应该不是你邻近的农户。

你所在的产地到底有多少家农户呢？

例如，种植草莓的农户，仅在宫城县山元町就有几十家。即便如此，还不到全国市场份额的1%。

即使因为分享信息导致了邻近的农户反而做得比你更好，但对整个地区来说，大家都强大起来绝对比那种只看眼前的输赢要好。

当地的农户不是你的“竞争”对手，而是为整个地区共同创造价值的“共创”伙伴。

当然，在学习会上，你也可能会听到一些让你怀疑“真的有用吗”那样的关于肥料和培育方法的信息共享。

对于从其他行业参与到农业中的经营者来说，最大的挫折在于，农业的变数太多，究竟是因为哪里好、哪里不好，才会采用这样的培育方法，想要去确定这样的因果关系是非常困难的。

无论农作物的生长状况如何，你都不知道变成那样的原因何在。你只能依靠猜测。但那样的话就会让你更加辛苦。

例如，在软件行业里的话，就可以做到能够弄清楚“不运作是因为源代码写错了”。但在农业方面，其原因究竟是水、光照时间、土壤还是其他别的因素，因为这些太过复杂，导致我们无从断定。

虽然是这样，但当我与周围的农户交谈时，“那个肥料很好”这样的话题经常会出现。但是，大多数像樟脑那样的肥料上面都并没有写明因果关系。所以不知道是否真的是那个肥料改善了庄稼，还是因为更好的日照时间起到了积极作用。但这种郁闷的情绪会无休止地跟随着你。

人们不太喜欢那些条理清晰地去大谈道理的人，而是喜欢听充满人情味儿的人去有趣地讲述他们的直觉和经验。这就是人性，不可改变。

我这样说，并不是对把自己的直觉和经验分享给别人的人有恶意。在他们提供的信息当中，不仅仅有可疑的信息，也有真正有用的信息。

所以说，不要因为是在学习会上出现的信息，你就囫囵吞枣地全都相信。

唯一可以肯定的是，不亮出自己手里信息的人，也不会得到任何信息。无论是关于自己大获成功的信息还是关于自己失败的信息，能把这些信息展示给别人看的人周围，才会聚集更多的人和信息。

当然，即便是农业领域，知识产权的保护也是很重要的。

比如，在农业方面，品种本身就是知识产权。

培育一个新品种通常需要很多年，并花费大量的资金。通过品种注册，可以设定育种者的权利，这样其他地方就不能随便地种植了。如果只有自己能培育出来的品种特别好吃，或者能以低成本大批量生产，或者可以长时间保存等，有这些特点的话，就会产生竞争优势。

此外，在此基础之上，再与在什么时间使用什么温度会使产品更可口，以及创造什么样的环境可以收获得更多（无法进行品种注册或申请专利的部分）这样的企业诀窍相结合的话，你就可以拥有比竞争对手更多的优势。

另外，请注意，农业技术是很难申请到专利的。更准确地说，农业技术会因为申请了专利而变成谁都可以看到的公开信息，反而变得无法保护。而且，即使技术被全国各地的哪个农场窃取了，你也没有办法查出来。因此，那些不希望被其他公司窃取的技术，大多数是被放到黑匣子里了。

在知识产权方面，也有像我们的“MIGAKI-ICHIGO”那样，把自己创造的品牌注册为商标的情况（虽然偶尔会有人误解，但其实 MICAKI ICHIGO 并不是一个特定品种的称呼）。

MIGAKI-ICHIGO 在日本国内和海外都已经被模仿，市场上有类似的产品在流通。如果遇到这种事情，你必须通过律师提出抗议，来保护自己的品牌。这是因为你创造一个品牌是投入了大量的风险资金（固定成本）的。你不希望它被别的公司白白拿去吧。此外，如果市场上出现了低质量的仿制品，就容易被消费者混淆，从而导致自己的品牌价值下降。不过，没有价值的品牌是不会出现仿制品的，从这个意义上说，被模仿也就证明了品牌的价值得到了市场的认同，但我们坚决对抄袭行为发出严厉的警告。

虽然这样说会有点跑题，但我认为，农户之所以收入低、地位低，是因为从历史上看，他们没有在一个契约社会中好好地做过生意。“因为今天是他儿子的运动会，本来答应好的50根黄瓜，结果他没给我发货”，这样做的话，就会被看作“这些人没有契约精神，不能好好地做生意”。这样就会使买方对单价不再能做出承诺，导致买方不得不对合约栽培持谨慎态度。对于农户来说，也就只能选择把产品卖给市场，这也就相当于自己把自己的出路给堵住了。抄袭别人的品种和品牌的农户的情况也是一样的，会让人们觉得农业是“知识产权意识薄弱，道德低下的行业”，有损整个农业产业的地位。

如果知识产权和合同能够得到彻底的保护和遵守，农产品的销售力、谈判力、行业的信用度应该会变得更高。仅仅说“因为是农业，所以不实际做做看的话不知道会怎样”是行不通的。当有需求的时候，当有订单的时候，当有合同的时候，你必须准确地交货才能取得信用。

虽然我说了这些苛刻的话，但是对于那些不影响品种或商标等知识产权的信息，你最好不要吝啬，大方地把它们分享出去。

农业这个行业虽然小，但也不断有新的参与者加入进来。所以我们不光要关注那些有经验的农户，还要关注这些新参与者正在全力以赴去做的事情，让我们与各界人士一起努力做下去吧。

第 3 部分

实践案例

国中秀树先生如何返乡务农

那些真正开始从事农业的新务农者都面临着什么样的问题，并且着手做了哪些准备呢？我们请他们按照“开始从事农业的六个步骤”，来讲述他们的真实故事。

国中秀树

领域：单作物设施园艺和多作物户外蔬菜

1972年，国中秀树先生出生于日本和歌山县。

大学毕业后，他在“上亿公寓”“度假公寓”等公司从事房地产工作10年。此后，由于妻子老家经营的超级公共浴室要开设新店，因此国中秀树先生更换了工作。然而，由于每天都要工作到深夜，他搞垮了身体。辞职后他于2016年3月开始在和歌山县从事农业。

第1步　用语言来描述你从事农业的目的

我上一个工作是一家公共浴室的店长。因为我从事的是服务行业，所以长时间过着日夜颠倒的生活。事实上，有的时候我好几天都见不到家人的面（笑）。所以，当我换工作时，妻子对我说："你再找新工作的话，最好找一个能有更多时间去陪伴孩子的工作。"另外，由于我之前的工作需要很长的通勤时间，所以我想找一个尽可能离家近的工作。

我父亲的老家和我母亲的老家都务农。然而，我父亲一直做着工薪阶层的工作，他非常反对我从事"农业"，我们为此经常争吵，到现在我还是没能说服他。但我在从事农业的第二年开始种植小西红柿，销售额大幅度增加。此后，一直持反对意见的父亲，脸色和缓起来，开始改口说："你的选择也许是对的。"

以前在公共浴室工作时，我所在的部门是专门做加强横向联系、促进全日本整个行业发展的工作的。我当时的主要工作是负责关西地区。我现在的目标是，如果在农业领域也能做到这一点就好了。

第2步 确定你想要的生活方式（收入、时间的使用方法）

当我决定辞去工作换个职业时，我看了很多招聘信息，但是在住处附近，没有与我期望的工资相匹配的工作。然而，要是因为希望有更多时间与家人在一起而导致生活极端贫困的话，我也觉得很对不起家人，所以我思考了很多关于如何能够保证收入的问题。

一开始，我想过和熟人一起创业经营公共浴室，同时再做农业的工作。我想，浴室的工作每月赚20万至30万日元，农田的工作每月赚10万日元左右，这样就很不错了。然而，当我真正开始从事农业后，就发现很难再抽出时间去浴室工作了。我和妻子商量后决定，在农业领域自己创业，初期在接受政府补助金的情况下谋生。

和歌山县是一个柑橘的生产地区。我父亲和母亲的老家也是种植柑橘的，他们都各自有继承人。如果我也同样成为橘农，当我申请针对新务农者的补助金的时候，我将不得不回答一些例如“运输设备怎么办”这些令人棘手的问题，因此我选择了成为一名菜农。然而，在我的邻居中，很少有菜农，所以一开始我真的很苦恼，不知道该怎么做。

在开始从事农业的第一年，我在大约1反（译者注：一反=

991.7 平方米）的农地上主要种植露天茄子。从总收入中减去管理费用后，一年的收入是 70 万日元左右。再加上 150 万日元的补助金，总数是 200 多万日元。在第一年，我想“我需要每个月至少再往家里挣 10 万日元”，所以我开始做兼职。恰好，附近的一个浴室老板说“你愿意来帮助我吗”，所以我就决定去他那儿工作，从而不得不减少晚上在家的时间。

第 1 年，我在冬季每天工作约 8 个小时，到了夏季就是大约 15 个小时。一开始，不管做什么因为都是第一次尝试，所以我显得笨手笨脚。甚至在天黑之后，我还在头上戴着 LED 灯去摘茄子。我想我那时是一个很奇怪的人（笑）。在开始种植后我才意识到，你是不可能只管生产却不管收获、不管运输的。你必须把长成的农作物摘下来并且运出去，才能赚到钱。

我认为关于工作时间的长短，想法因人而异。就我而言，从性格上来说我就不允许自己有过多的闲暇时间。不过，虽然我的工作时间长了一些，但我有更多的时间与我的家人在一起，所以这并没有给我带来太多的困扰。最近，我的女儿一直在帮我发货，还说她做这些很开心，听到这些，我也感到非常高兴。

第 2 年，我们主要种植约 1 反的小西红柿，除此之外还有茄子和大蒜各约 1 反。小西红柿的销售额约为 540 万日元，茄子为 70 万日元，大蒜为 30 万日元。茄子和大蒜的收益还差得很远，但小西红柿获得了成功。这时有人告诉我，“如果你继续做兼职，就会影响到拿补助金，你应该减少农业以外的收入”，因此我辞掉了兼职。这样一来，晚上的时间我一下子就闲了下来，现在我的儿子问我“你为什么每天晚上都在家里”（笑）。

第3步　思考作物种类和种植模式（培育方法、偏好）

当我填写“农业下一代人才投资资金”的申请表时，被要求“提交一份5年的收支计划”，我当时就思考了关于收支的具体数字，主要以露天蔬菜为重点进行了规划。我曾在农业创新大学学习过数字，但有很多东西我还是不明白，所以就利用互联网研究了全日本菜农的管理指标。由于我是一个新手，因此，我假设自己的销售额是前辈农民的60%左右（经费是100%）。即便如此，第一年的收入还是低于预算的。

当开始经营农场时，我在互联网上查了一下“在和歌山做有趣的事情的人都有哪些”，结果发现了在种植和销售方面的七色田农场的河西伸哉先生，以及在运输领域的农业综合研究所的及川智正先生，我对他俩非常感兴趣。

正是因为河西先生在农业创新大学当讲师，才促使我在周末去那里学习。河西先生是我大学的学弟，我对他和我一样“放弃工薪阶层的工作，回到家乡从头开始从事农业”的经历非常感兴趣。

农业综合研究所的及川先生，是因为妻子的老家在和歌山，所以移居到了和歌山，开始从事农业。此后，他成立了现在的公司——农业综合研究所，并一直从事着农作物分销的工作。我当时在想“最终，我还是往农业综合研究所发货吧”。在我去农业创新大学学习的时候，恰逢农业创新大学和农业综合研究所合作，因此我立刻就向农业综合研究所提出了发货申请。自从我开始从事农业以来，就一直主要向农业综合研究所发货。第二年开始种植的小西红柿也是发货给农业综合研究所，这个也获得了巨大的成功。

辞去之前的工作后，我最初打算去当地的农业大学学习农业技术。因为我利用提供给失业人员的职业培训制度的话，就可以免费学习。但当我去听了农业创新大学的授课说明会后，觉得“也许这所学校更适合我”，结果就选择了那所需要交学费的学校了（笑）。授课老师们非常有吸引力。我认为，对我来说，认识那些不仅精通农业技术的人很重要。这所学校最好的一点也许是，在这里“你可以认识人”，而不仅仅是“学习农业技术和管理知识”。

我在大学期间，曾和朋友们在向熟人租来的田里种植了叶菜。我们认为可以利用这个机会练习种植蔬菜，生产的食材可以批发给我跟熟人一起创办的公共浴室。但在当时，叶菜一个月只赚到了 2 万~3 万日元。

后来，我算了一笔账，发现叶菜类蔬菜除非是 1 町~2 町（1 町=10 反≈1 万平方米）的大面积种植，否则就不会有利润。然而，我又很担心自己“是否能够管理好这么大面积的农田”，因此决定种植果菜类蔬菜，即使是小面积种植也能获利。就这样，我就从在农业学校学到的种植茄子开始。将来，我决定把重点放在利润更高的小西红柿上。然而，茄子和小西红柿都属于茄科作物，如果在同一块土地上持续种植，就会发生连作障碍。有人建议我轮作，所以我也开始考虑种植葫芦科的黄瓜。

种植叶菜时，我选择了卷心菜、西蓝花、花椰菜、大白菜和生菜，其中西蓝花是我种得最好的。另外，我的家乡周围地区是一个隐藏的大蒜产地。它在日本排名第五（尽管青森县占有压倒性的份额），所以我决定去试试。结果我们种植大蒜两年了，几乎都是以失败告终。特别是，在我们开始种植构成我们目前销售核心的小西红柿之前，真是度过了一段相当艰难的时间。所有东西对我来说都是新的，所以我不得不把自己在学校学到的所有东西都逐一地过一遍。我认为，当你真正开始种植自己的产品时，会发现每个人其实都是有自己的优势和劣势的。这就是为什么我认为你必须将你想种植的作物清单缩小到你擅长的、适合你的生活方式的作物上。

关于小番茄，我在上农业大学时，一位老师说过这样的话："农业，你必须使自己脱颖而出。"这给我留下了深刻的印象。在我从事农业的第一年，一直在思考"我怎样才能脱颖而出"这个问题，很幸运有人跟我提及了番茄温室大棚的事，这是我之后开始种植小番茄的契机。

番茄温室大棚的房东，原本是一个玫瑰的养液栽培者（他在业内很有名）。然而，前段时间他的身体出现了状况，就不得不停止了温室大棚作业。他听说我脱离工薪阶层的生活而开始从事农业后，问我"是否愿意使用他的温室大棚"。当时，温室大棚的修缮费大概花了 100 万日元，但我可以免租金使用这个温室大棚。

最初，我对养液栽培的方法一窍不通，所以就一边跟着房东学一边开始了小番茄的种植。我还去了房东的熟人那里观摩种植方法，现在房东和我一起管理种植（作为题外话，房东跟我说“我就把这当成我康复的一部分，所以不用付我报酬”）。虽然这是房东第一次种植小番茄，但由于他有种植玫瑰的经验，每天接触小番茄，他会说“这样做比较好吧”或者“种植玫瑰的时候是这样做的，小番茄的症状可能也是一样的，所以你下次应该使用这种农药”。他发现了我没有发现的一些问题，并且给了我一些建议，我真的很感谢他。

我目前没有考虑第六次产业化的问题。因为考虑到自己的年龄，我觉得自己是“赶不上”了。再加上，我的性格是如果想这想那就无法集中精力，所以我尽量不去想它。但是我也认为丢弃有裂痕的番茄太可惜了。最近，我认识的一个福利机构的朋友们开始研究如何加工这些开裂番茄的办法，所以我有点开始想“即使我不自己做，也许我们可以作为一个团队来做”。

我是通过妻子在这个福利机构做志愿者工作的契机认识了那里的人。该机构有一个农耕部门，他们邀请我去参观，我也给他们提供过一些帮助，这样我们在业务上就有了往来。在我的业余时间里，我会去他们的温室大棚，帮助他们进行种植管理，他们也会帮我把小番茄装进包装袋。我们即将开始一项新的合作。

第4步 将10年的经营计划转化为数字

当你申请成为被认证的新务农者时，你要与相关地区的政府部门以及县政府的负责人对话，并制订出一个5年计划。我曾经在一家公共浴室担任店长，所以我一直在与数字打交道。因此，对我来说，制订一个计划并不难。但县里的负责人非常严格（笑）。说实话，我当时有的想法确实想当然了，现在想想，我很高兴能有一个人对我要求如此严格。这也让我做好了思想准备。

我认为，对于一个新就农的人来说，选择“在哪里”和“种什么”是非常重要的。在和歌山县，根据市镇村的情况，有些地区的人们就正在尽力专注于蔬菜的种植。据说在这样的地区，即使你申请成为新务农者，也可能被拒绝。我是在前年成为被认证的新务农者的，但我听说，我是我所在的农业地区中唯一获得这一认证的人。有田川镇政府的负责人非常热情，他不仅针对我提出的问题做了大量研究，而且还给我提供了很多建议，真是给了我莫大的帮助。

此外，我认为我在农业学校里学到的东西也非常重要。毕业后，正是由于学校给我提供了认证时所需信息的支持，我才能够提交出一份合格的申请。

寻找农田的工作也因地区而异，但我认为在我工作的有田川镇并不困难。首先，我去了 JA 的窗口进行咨询。在那之后，我就一个一个地去找熟人。到目前为止，我们需要的所有的土地都是租来的。土地的租金，据说市场价格是这个地区的固定资产税加上水资源使用费，通常为每年每反 6000 日元左右。即使我租 10 年，那也才 5 万~6 万日元，所以我觉得租地使用有很多好处。如果这块田原来是水田，排水很差，你要是想在这块田种蔬菜，就需要花费很多的时间和精力。既然是我们租的土地，就要在租期内好好管理它，不过正因为土地是租来的，所以在租期结束后你也可以去换一块条件更好的田地来替代它。

在第 2 年，小西红柿的销售额有了飞跃性的提高，这归功于我们对销售渠道的选择。当我们向农业综合研究所出货我们的小西红柿时，价格是每千克 1000 日元。从夏天开始就一直是这个价格。当小西红柿销售到大阪、兵库和京都时，销售额的 35%，销售到关东地区时，销售额的 40%，要作为手续费支付给农业综合研究所和当地的超市。即便如此，我也认为我们使用这项服务是值得的。因为他们是直接与用户进行交易，所以能够帮我们卖出好的价钱。向农业综合研究所出货的产品，我们作为出货人，可以决定产品的价格，也可以对出货给哪家超市、出货多少提出要求。我妻子负责定价和配重，当销售情况不佳时，她会说："我们把重量增加 5 克吧。把价格降低 10 日元吧。"她很享受地在做这项工作。但如果产品卖不出去，我们还是要承担风险的。当然，在农产品集散地有农业综合研究所的工作人员，他们可以为我们提供每个超市的市场行情建议。目前，这虽然取决于每个月的具体情况，但总体上来说，我们出货量的95%左右是可以卖掉的。在刚入秋的时候，我们几乎是100%卖光。按照这样的趋势，主要出货给农业综合研究所就足够让我们可以生活下去了。我认为我们目前不必担心销售渠道的问题。

JA也有一个小组委员会，但我没有加入，因为跟市场价格相比，出货给农业综合研究所的话，我能拿到手的金额会更高。另外，距农田几分钟的车程外还有一个直销点，我虽然已经在那里注册了，但目前几乎没有向那里发过货。因为以前，我们根据在农业综合研究所的收入额来确定产品价格，并出货给直销点，但根本卖不出去。

然而，在销售渠道方面，有一种情况是我们不能安于现状的。农业综合研究所于2016年在东京证券交易所第一部上市，随着其知名度的提高，成员数量开始迅速增加。在这种情况下，我们可以预测得到，竞争的原则将发挥作用，导致销售金额将逐渐下降，所以我就产生了一种危机感，认为我们必须开始探索不同的销售渠道。例如，房东的一个熟人与企业有合作关系，他向企业发货，听说销量很稳定。当我们的产品的味道和形状稳定下来之后，我也希望能与这些公司进行商业洽谈。

在我们5年计划的第2年，事情进展顺利，我们的收益超过了预期。出于这个原因，当时就有人问我："你不打算再建一个温室大棚吗？"我的想法是，等到了第5年的时候，我再用可以贷款到第5年的国家的融资制度来进行投资。

关于收入，如果我想增加，预计在2018年就能获得400

万~500万日元的收入。在第3年就能有这样的收入，对于一个新务农者来说是相当不错的。所以我费尽心思地在想，是否可以利用这些增加的收入作为今后的前期投资的成本。后来我就买了更多将来能够用得上的茄子支撑杆，买了一个利用太阳能进行自动灌溉茄子的装置，还买了一台可以减少割草劳动量的器械——割草机。这之前我从未想过我能在第2年就要开始考虑合理避税的问题。

除此之外，我还开始向妻子支付专职雇员的工资，并把这些都列入经费。如果我的收入在100万日元以内，我就可以领到150万日元的全额补助金。如果我的收入超过100万日元，那么超过的部分加上补助金的总额就被限制在250万日元以内。因此，我希望在进行合理的前期投资的同时，继续尽我所能努力下去。

在我现在种植茄子的田地旁边有一块柑橘田，当我与橘农们交谈时，他们说“不想再干下去了”。要是能够继续让他们看到我们在这里做得很好的话，我想我们将能在不久的将来租到这块土地。我觉得我可以建造一个总面积为3反左右的温室大棚。如果那样，我们种植小西红柿的温室大棚面积就可以增加到4反大小。如果我们能够保持目前的单价，那么全年总收入将达到4000万日元，我的个人收入达到1000万日元，可能就不再只是梦想了。

第5步　如何筹集资金

当我们开始从事农业时，我和家人决定拿出300万日元作为流动资金。小西红柿的种植进展超出了我们的预期，因此我们的设备投资也可能比刚开始的时候会有所增加。

作为一个通过认证的新务农者，我可以从政策金融公库申请到上限为3700万日元的无利息、无抵押贷款。如果使用这笔资金建造一个2反大小的温室大棚，两年的销售就能收回成本获得利润。如果是附加利息的3700万日元的贷款，那将是一笔巨大的债务，但是这个无息贷款让人感觉就好像是你在使用一个分期付款。如果我可以在不使用太多自有资金的情况下，只靠能够申请到的贷款来建一个2反大小的温室大棚的话，我想我将来就可以靠它来维持生活了。

第 6 步　信息收集和关系网建设

主要关注的是在农业创新大学建立的联系，比如老师、毕业生、在校学生等等。此外，温室大棚的房东、朋友们、政府部门的工作人员，他们都给了我很大的帮助。农业创新大学每年都会为毕业生举办一次聚会。我每次都参加，跟大家聊聊近况，进行信息交流。如果只与当地人交往，那么你了解的也只能是当地的情况。

令人惊讶的是，我的榜样就在身边。我之前提到的七色田农场的河西先生，其卷心菜和其他露天蔬菜的年销售额高达5000 万日元。最近，他还着手开办一个草莓观光农园，他说他想把自己的“销售额再增加 5000 万日元”。通过农业创新大学，我能够认识有如此大的业务规模的人，我能够把他们当作我身边的好榜样。

至于今后的挑战，那就是如何确保人手。目前，我妻子、我母亲和我妻子的两个熟人来农场帮忙，但要是扩大业务规模的话，我将需要更多的人手。这个地区有许多种植柑橘的农户，他们从深秋到冬季都忙于收获和出货，所以这个季节要确保人手是非常困难的。要找到一个一年四季都能来我这儿工作的人，是我面临的最大挑战。小西红柿的话，收获和装袋的工作可以由我认识的福利机构的人来完成，但像引蔓这样的种植管理的核心问题该如何解决，却是一大难题。

说实话，我最近生病了，有1个月左右的时间无法在农场工作。这让我意识到，随着年龄的增长，不能再拼命了。最近，我一直在思考，如何在不增加自己的劳动时间的前提下扩大种植面积和提高销售额。

现在，我每天都在思考这样的问题："在未来，我们必须加大机械化，并且提高效率化"，或者"目前，小西红柿做得很好，但我们应该做些什么来分散风险，以防出现不可预见的情况呢"。（完）

	账户项目	1月	2月	3月	4月	5月	6月
销售额	销售金额	38,867	2,658	377,586	0	20,885	394,089
	营业外收入	0	3	0	43,480	42,360	42,664
	农业下一代人才投资资金	0	0	750,000	0	0	0
	合计	38,867	2,661	1,127,586	43,480	63,245	436,753
支出	种苗费	0	0	1,038	1,156	0	0
	肥料费	0	2,860	2,980	17,592	1,504	148,497
	农药费	1,480	0	7,560	0	4,324	993
	其他材料费	10,396	174,438	428,129	119,811	78,387	100,126
	电力、照明和取暖费	16,760	17,877	23,987	22,790	30,107	28,041
	折旧费	0	0	0	0	0	0
	工作用的服装费	1,715	0	432	3,706	1,392	648
	农具费	0	0	0	0	0	0
	包装运费手续费	2,107	1,424	0	2,247	29,303	49,424
	土地租金	12,000	10,000	50,000	0	0	0
	维修费	1,000	0	12,410	0	0	0
	临时人工费	0	0	28,000	30,000	88,140	0
	全职员工工资	0	0	0	0	0	0
	杂费	83,419	11,279	142,995	32,238	81,896	58,307
	付款手续费	0	0	0	0	0	324
	税费	0	0	0	0	0	0
	总费用	128,877	217,878	697,531	229,540	315,053	386,360
	所得（销售额-费用）	-90,010	-215,217	430,055	-186,060	-251,808	50,393

图3-1　国中秀树先生的2017年账目（从事农业的第2年）

单位：日元

	7月	8月	9月	10月	11月	12月	合计
	1,081,339	2,032,807	0	1,188,814	815,772	520,476	6,473,293
	53,288	31,021	41,357	20,681	10,340	0	285,194
	0	0	750,000	0	0	0	1,500,000
	1,134,627	2,063,828	791,357	1,209,495	826,112	520,476	8,258,487
	0	243,832	69,040	0	9,900	0	324,966
	0	1,430	157,333	135,131	55,600	103,739	626,666
	18,913	4,464	25,350	12,655	0	0	75,739
	57,498	54,401	38,660	78,081	101,658	27,800	1,269,385
	17,717	165,019	60,345	50,897	36,899	165,591	636,030
	0	185,837	0	47,750	0	2,407	235,994
	4,630	0	0	8,509	17,892	0	38,924
	0	0	10,937	38,445	0	0	49,382
	14,757	83,043	11,944	7,873	0	0	202,122
	0	0	0	0	0	0	72,000
	0	0	699	23,544	0	0	37,653
	130,150	88,050	107,140	40,650	34,400	62,760	609,290
	0	150,000	150,000	150,000	150,000	150,000	750,000
	125,090	71,063	78,176	89,371	71,441	83,329	928,604
	0	339	216	432	108	432	1,851
	0	0	2,980	0	0	0	2,980
	368,755	1,047,478	712,820	683,338	477,898	596,058	5,801,586
	765,872	1,016,350	78,537	526,157	348,214	-75,582	2,396,901

在没有农业下一代人才投资资金的情况下，他们在从事农业生产的第2年就处于盈利状态，这真是了不起。而且“支出”项目中的“全职员工工资”是针对他的家人的劳动而支出的，所以就家庭收入而言，他的纯收入应是大约240万日元加75万日元。这样，他离没有补助金自己能够独立就又近了一步。如果2018年及以后情况继续顺利，他应该能够在没有补助的情况下过得很充裕。（笔者注）

总　结
如何撰写 10 年经营管理计划表

现在，读到这里，你对开始从事农业的疑虑是否已经消除了呢?

根据我在本书中所写的内容，每个希望开始从事农业的人，都应该能够制订一个 10 年的经营管理计划。

即使还存在不明白的部分也没关系，尽量把表格填满吧。然后，你带着这个计划，去找市镇村政府的农业政策部门、县推广指导中心、农协和前辈农民征求他们的意见，在听取他们意见的同时修改你的计划，不断地精益求精，这样你离从事农业就只剩下最后一步了。

本书中涉及的内容仅限于农业管理方面，关于具体的某种农产品的种植方法，请大家参考专门针对那种农产品的教科书。为了获得农业技能，去农业大学学习或者参加民间的农业法人举办的培训项目，这些都是非常有效的做法。

最后，作为回顾，我将根据 GRA 在新就农培训项目中使用的 Excel 表格，对去哪里能够获得什么样的信息加以整理。为了将数字一一填入这里所列的条目中，你可以通过研究各种记录了统计和管理指标的材料以及接受各种人的建议的过程，来吸收从事农业的前辈们的智慧。

通过研究和向前辈学习，我们不仅在销售价格以及劳动时间上心里有了眉目，而且还可以了解到诸如“在这个地区，种植这种农作物、采用这种种植方式的话，应该注意一下这些地方”“建造这种设备的话，大概需要这么多钱，那个设备会有这样的风险”等情况。

换句话说，我们可以了解到，例如“如果我们做的事情偏离了这个理论，那么失败的概率就会增加”“在你刚开始干的时候，你就要知道你需要多少人手，否则你就会遇到麻烦”这些陷阱在哪里。

当然，并非所有偏离理论的东西都是错误的。当有人直接告诉你“最好别做”或者“最好再多投点资金”，你可能会感到沮丧甚至想要反抗，这种心情我非常理解。但是，该领域的专业人士不会毫无理由地给出这些建议的。在专家和前辈农民的大脑中，都是装满了很多重要信息的。你没有办法不依靠他们。

对于新务农者来说，最重要的就是了解理论，找到一条能够让你按照理论去做的捷径。

那么现在，就让我们逐一地看一下计划表（参照 174－175 页图）中的每一项吧。

Ⓐ 销售额（农业总收入） 1～4

首先，让我们从销售额（农业总收入）开始看。

要了解与销售额有关的最大生产量、成品率和生产量，在搜索网站输入“你想种植的产品名称（苹果、草莓、土豆等）、生产量、统计”字样，就能找到农林水产省的统计数据。

如果你想按地区了解，可以通过输入“产品名称、生产量、某某县、统计”来找到统计数据。

至于平均单价，你也可以通过输入“产品名称、市场单价”来查询各县、农林水产省和各批发市场的数据。

关于你想种植什么、在哪里种植、用什么模式去种，你是想在露天种植，还是想在设施内种植，可以选择几个候补选项，并对其进行试算。

即使是同一产品，其销售额和成本也会因地区而不同。如果你想种植好几个产品，就要对每个产品进行调查研究。在数据调查的过程当中，你有可能会发现“这个也许不错”。

另外，关于成品率，在你掌握农业技术期间（大概是从事农业的前3年），一般是平均水平的六成左右，此后约为平均水平的八成，估算得低一些比较稳妥。

Ⓑ 5 种苗费　6 肥料费　7 农药费　8 其他材料费
9 重油费　10 电费　11 煤油费　12 水费

其次是费用（农业管理费）。

像种苗费这些，你可以通过检索“产品名称、管理指标、某某县”，就能够全部弄清楚。

当然，也有一些公司会以低于市场的价格出售种子和幼苗。所以在你开始之前，一定要好好地调查，采购又好又便宜的货物吧。

（项目名称）种植业　10年的经营计划［模板］

园圃种植面积		平方米
每单位面积产量		千克
销售单价		日元/千克

			Y0	Y1	Y2	
Ⓐ 销售额（农业总收入）	1	最大生产量（千克）	0			
	2	成品率	0	60%	60%	
	3	生产量（千克）	0			
	4	平均单价（日元/千克）	0			
		销售总额	0			
费用（农业经营费）	Ⓑ 5	种苗费				
	6	肥料费	0			
	7	农药费	0			
	8	其他材料费	0			
	9	重油费	0			
	10	电费	0			
	11	煤油费	0			
	12	水费	0			
	Ⓕ 13	修缮费	0	0		
	14	折旧费	0			
	15	初期工具		0	0	
	Ⓒ 16	分销费用（运输/包装）	0			
	Ⓓ 17	土地租赁费				
	Ⓔ 18	人工费				
		费用总额				
Ⓖ 收入（农业所得）						
Ⓗ		支付利息（%）				
		经常利润				
		农业下一代人才投资基金	1,500	1,500	1,500	
		当期利润				
		结转利润				
Ⓘ		FCF				
		设备付款		0	0	
		银行贷款		0	0	
		现金和存款余额				
		贷款余额				
		借入残高				

设备投资和建设

单位：千日元

	项目	面积/平方米	金额
Ⓕ	本圃		
	母株室		
	育苗室		
	土地开垦		
	水、电等基础设施建设		
	水果分拣室和材料储存区		
	总计（不含税）		
	总计（含税）		

折旧期●●年

单位：千日元

	Y3	Y4	Y5	Y6	Y7	Y8	Y9	Y10
	60%	80%	80%	80%	80%	80%	80%	80%
	0	0	0	0	0	0	0	0
	1,500	1,500	1,500	0	0	0	0	0
	0	0	0	0	0	0	0	0
	0	0	0	0	0	0	0	0

借款

项目	金额
设备贷款	
营运贷款	
总计	
利息	●%
还款条件	
年度还款额	

Ⓒ 16 分销费用（运输 / 包装）

这是指将收获的产品进行包装和运输的成本。

在你确定好销售渠道之前，这项费用没法确定。

这项费用取决于，你是要通过农协进行销售，还是不通过农协进行销售；或者你是要在直销点销售，还是在哪家特定的超市销售。

要想知道每一种情况需要的分销费用是多少，你应该向农业政策部门、推广指导中心、前辈农民等咨询。根据出货渠道的不同，你可能只需要 1 辆轻型卡车，也可能需要更大规模的运输途径，以及运输需要花费多长时间等，这些都会有所不同。你要注意的是，需要运输到很远的地方而且是自己负担运费的销售渠道，即使在金钱上的成本的支付对你来说不成问题，但在时间上也有可能是行不通的。

Ⓓ 17 土地租赁费

这是指租用农业用地的费用。要想查市场价格的话，你可以搜索“地区名称（某某县某某市、某某镇等）、农业用地、租金、市场价格”。

不过，要想租到跟你心目中的面积大小完全符合的土地，这种概率还是很小的。农业用地的大小是影响收获量和出货量的一个重要因素，所以你最好留出一定的可调范围。

Ⓔ 18 人工费

如果雇人帮你工作，你将需要支付人工费。

是否必须雇人，雇多少人，取决于不同农作物、不同种植模式的劳动强度和劳动时间。

另外，不同的农作物、不同的种植模式，还有不同的销售渠道，都决定了你是需要全年雇用还是只在收获季节雇用。

要想了解所需工作时间的长短、什么时期需要雇用人手，这些可以通过“产品名称、农户、劳动时间”来检索。

我认为农业政策部门和前辈农民会很清楚你所在地区的人工费的真实行情，以及是否容易雇到人手，所以你可以向他们征求意见。

如果你无论如何都需要人手帮忙，但是你却很难雇得到人，那么你就需要考虑以下几点：你是否可以通过投资于设备而非人工费来节省劳动力？或者在同一块土地和土壤上，是否有其他农作物或种植模式不需要人手同样也可以获利？

Ⓕ 13 修缮费 14 折旧费 15 初期工具设备投资和建设

在确定下来你要做什么之后，你要了解你需要在设备和农具（拖拉机）上投资多少。通过检索“产品名称、管理指标”就可以了解大概的行情。

然而，以温室大棚为例，其价格和维护费用因农田的形状和大小以及这个温室大棚都有哪些功能而有很大的不同。所以，你可以去查看一些当地的供应商并从他们那里获得报价。

获取报价的时候最好也询问一下修缮费的行情。

关于设备的折旧是按照多少年来计算的，这一点你可以向供应商、税务师或农业政策部门咨询。折旧是由法律规定的，设备的使用年限等有时会发生变化。所以，向公共机构或者专业的税务人员咨询才比较稳妥。你需要注意的是，互联网上的信息有可能已经过时了，或者有可能是错误的信息。

Ⓖ 收入（农业所得）

如果能试算出你的销售额和需要的费用，你就能试算出你的收入（主营业务的收支，就是企业所说的营业利益）。

在上文提到的国中秀树先生的收支表（参见图 3-1）中，他把可以领取的每年最高 150 万日元，最长可以领取 5 年的农业下一代人才投资基金也列入“销售额”，是否列入这项取决于各人的想法。如果把补助金算在“销售额”（农业总收入）中，就很难看出作为主营业务的农业本身的收支是怎样的，所以在我们的 Excel 表格中，是将其与销售额的项目分开，把它放在“经常利润”和“当期利润”之间。

顺便说一下，如果你是一家法人（或者是从个体经营户“变更法人”的情况），是不能领取补助金的。

Ⓗ 支付利息 经常利润 农业下一代人才投资基金 当期利润 结转利润

营业利润（主营业务的收支）减去支付的利息，被称为“经常利润”。

支付的利息是伴随借贷而发生的（项目 I）。

新务农者的大部分贷款，是在他们成为“被认证的新务农者”之后，从政策金融公库贷来的。

经认证的新务农者是指，已向市镇村级政府提交从事农业的计划，并且该计划已被认可的新务农者。该计划应该概述他在开始从事农业经营后5年内的目标以及他所需要的设施和器材。

需要多少贷款，这取决于制订10年经营计划后，自有资金不足的数额是多少。

此外，能否成为被认证的新务农者，这主要是由都道府县的推广指导中心来决定的。你可以通过跟推广指导中心分享自己的农业经验（参加培训的年数等）和经营计划，从而获得认证。在申请认证的过程中，你的财务计划也应该会逐渐整理得更加详细。

获得认证之后，让他们把公库介绍给你，然后你再去跟公库的负责人探讨你要贷多少款，以及计划还多少年。

获得认证的新务农者从公库贷款的话，基本上都应该是免息免担保的，但要是你选择从其他途径贷款的话，就会产生利息。

另外，再加上农业下一代人才投资基金（补助金），这就是“当期利润”。

①不仅仅是会计利润，还要掌握现金（现金和存款）的动向

FCF、设备付款、银行贷款、贷款金偿还、现金和存款余

额、贷款余额，这些是掌握现金动向的项目集合。

设备投资，是以“设备付款”的形式在投资当年用现金来支付，但直到第二年才作为会计上的“费用”入账，并且按照7~10年（就农业相关而言）来分期计算。

也就是说，如果你只遵循会计利润（经常利润、当期利润），就会与公司的现金（现金和存款）余额出现差异。

出现差异的话，会产生什么问题呢？

虽然在会计处理上显示的是黑字，但你手头上却没有足够的现金和存款（营运资金、营运资本）供你使用，这样的话就有可能发生运输费用或者临时工的人工费用等无法支付的情况。所谓黑字破产，就是像这样由于现金的耗尽而导致的境况。

因此，除了会计上的损失和利润之外，还有必要去试算和掌握现金的流向。

如果你能预测到“现金即将耗尽”，那么就要考虑资金管理的措施，以确保自己有足够的资金（营运资金、营运资本）保证当前的业务能够正常地运转。

下面看一下具体是如何计算的。

“FCF”是自由现金流（Free Cash Flow）的简称。现金流是指现金的流向和动向。FCF被定义为“公司可以自由支配的现金”。

FCF是来自经营活动的现金流（经营现金流）和来自投资活动的现金流（投资现金流）之和。虽说是“和”，但是投资现金流通常为负数。这是因为当你投资于设备，或其他任何东西时，通常钱都是流出去的。再简单地说，它是“从主营业务中赚到的钱减去花在投资上的钱”。

对于这一项，重要的是要知道你实际上有多少现金和存款。因此，它不是严格意义上的主营业务利润（营业利润），而是以包括各项在内的“当期利润”为基础的。FCF 的理念就是“不管它是来自出售蔬菜或水果的钱，还是来自补助金，现金就是现金”。

FCF 是当期利润加上折旧费。

再重复一遍，折旧费作为会计上的“费用”是按照每年分期的方式入账的。然而，设备投资的费用在那之前就已经花出去了。也就是说，虽然它每年都被当作“费用”来计算，但是并没有现金的支出。

因此，当期利润（各项销售额减去费用）加上折旧费（虽作为费用入账，但实际上没有现金支出）就是 FCF，它显示了与业务相关的现金和存款的动向。

FCF 稍微有些复杂，但其余的项目就很简单了：

“设备付款”，是在付款购买设备当年入账（现金减少）。

“银行贷款”，是在贷款当年入账（现金增加）。

“贷款金偿还”，贷款金的还款额是在还款年入账（现金减少）。

把 FCF、设备付款、银行贷款和贷款金偿还加在一起，可以得出现金和存款余额以及贷款余额。如果你的计划在资金管理上会出现短缺，那么就要么重新制订计划，要么就要找到一种办法去筹集资金并保持收支平衡。

另外，这个 Excel 表格中不包括税金项目。关于税金，你可以在纳税申报的时候向税务师或你曾经咨询过的窗口（农协的相关人员等）的专业人士咨询。

所得税是针对农业所得征收的。在个体经营的情况下，租金、交通费、通信费和会议费等这些“间接费用”的金额多少，就决定了农业所得可能会有很大的不同。如果你把间接费用包括在农业管理费当中，那么你的农业所得就会减少，你所缴纳的税额也会减少。如果你不把它们包括在内，那么你的所得就会增加，你所缴纳的税额也会增加。牢记这一点的话就足够了。

▶ 计划和现实是不同的，正因如此我们有必要进行试算

现在，你应该知道在哪里可以找到制订 10 年收支计划所需的信息了吧。

在你实际做好了计划之后，你需要从农业政策部门、推广指导中心、农协和前辈农民那里获得建议，并将实际有可能租到的农用地和设备投资的报价与自己的财力状况等综合起来考虑，不断地改进并完成计划。这样的话，你离从事农业就差最后一步了。

当然，一旦开始从事农业，你就会发现现实与计划总是有偏差的。

与任何工作一样，在农业上你每天都会遇到大大小小的问题，你也会出错。你必须正视问题和错误，纠正数字，并遵循 PDCA 循环。

即使现实与计划之间存在差异，也并不意味着你的计划就是无用功。

因为如果你没有事先计划好，就不会知道偏差出在哪里，以及那个偏差是否重要。重要的偏差是指那些对销售额以及费用会有重大影响的偏差。

如果你不清楚哪些项目是属于管理上的重要因素，那么，你就没有一个标准去衡量今后该如何去改善自己的收支平衡。

在这种状态下，不管你怎么去想"我这样做会怎样"，如果没有标准，那么你就不知道什么才是最好的方法。要想知道一项举措是否能够有效地处理问题，或者是否能够在下一年提高利润，唯一的办法就是根据数字进行试算。

另外，制订一个中长期计划也很重要，这样你就很难会被"我们是否能够偿还公库的 3700 万日元的贷款呢""我真的能挣回我用于初期投资的 1200 万日元的自有资金吗"……这些眼前金额的大小所困惑，你将能够预测得到"每年我都能有这么多收益的话就没问题"。像案例 3 中下定决心退出的香菇农户那样，当判断面临的问题真的很糟糕时，也更容易及早做出退出的决定。

反之，在机会出现时加大油门进行大型投资的决定也是风险太大，不能根据粗略的估算凭着直觉来判断。

然而，如果你连种苗费和重油费都能够详细地计算出来，并且能根据这些第一手的数字去制订计划的话，那么你就会减轻焦虑，并能够做出更有把握的决定。

欢迎你来到农业经营的世界！

译后感

《以农为业》是岩佐大辉通过自身经历来撰写的一部指导农业生产经营的作品。他成功地创造出“钻石草莓”并建立了稳定的销售网络，使之成为日本高端草莓的代表，并积极地拥抱现代科技，对草莓的生产环境进行科学的跟踪、调整、研究，“钻石草莓”能够持续稳定地保持统一的品质，走出了一条农业的稳定可持续发展之路。发展离不开创新，作者又通过发展草莓气泡酒及草莓有机化妆品等为未来的草莓发展插上了腾飞的翅膀。

作者在书中通过大篇幅的文字来让大家能够对农业有正确的认知，详尽地列举了普通大众对农业的一些偏见，比如农业是否赚钱？是否需要365天去劳作？应该说这些深入很多人骨髓里的农业收入低、辛苦、地位低下等潜意识里的想法基本被化解。对于农业是否需要依赖补贴，作者也给出了很好的指导方式，补贴是必需的，可以通过新务农者的资质认定，也可以通过协会、国家政策的无息贷款等方式，利用多元化的手段来降低经营成本、增加经营手段、丰富经营内涵、创造更高的利润水平。伴随着科技的高速发展，生活、经营管理等各种场合与科技的结合无处不在，那么，高科技对特定的产品种植会起到作用吗？对农业的整体发展会起到推进作用吗？对于这些问题，作者也给出了很好的回答，“如果我们不使用技术来解决已经存在的问题，那么它就毫无意义”，多么犀利的语言，一语中的地给读者进行了解惑。通过作者对农业的常见疑问、担忧的解答，大部分人能够改变对农业本身的看法：农业也是需要去经营的，没有低等的行业，只有不懂得经营的人。农业的发展已经形成了产业化、职业化，职业没有高低贵贱之分，社会发展最终是高度的专业化。

解决完思想问题，作者实实在在地对新务农者提出了指导，指出了开始从事农业的6个步骤，从明确目的、确立目标、细化产品、详尽调研、评估以及执行过程中的资金筹集、信息收集、关系网建立等，明确了实现成功农业的每一个步骤，并用实际的成功、失败的案例对开始从事农业的6个步骤进行了详细的分析，用理论与实际相结合的方式对成功的农业的理论进行了阐述。农业是一个行业，不单单是一个行为、简单的种植、成立一个销售协会、简洁的包销，而是社会中的一大群人，为了共同的目标而产生的集体协作行为，每个人在里面都扮演着重要的角色。

客观地说，作者在短短几年内就使从零开始的草莓尖端园艺设施走上正轨，因“灾区复兴”“IT × 农业”“新就农支援”等活动而受到极大关注，在电视节目《大地的拂晓》和《东北初☆未来补习班》中介绍过他的事迹，这些都是与他有一整套管理体系、思维分不开的。作者对农业有清晰的认识，能够敏锐地抓住2011年日本宫城县山元町地区海啸之后日本政府对农业的大力支持这种有利的契机，开拓性地创造了“钻石草莓”，成了日本农业的骄傲。更重要的是，岩佐大辉并不是一个故步自封的人，他通过不断地学习，充实自己，扩充自己的学习领域，还获得了 MBA 证书，他运用自己的专业知识，致力于新就农支援事业，积极地向新务农者传授他的经营诀窍，这一点，作者本人在书中也有一定的描写。岩佐大辉的视野站得很高，他不仅仅努力进行个体的发展，还通过传授经营诀窍带动一批人形成区域产品优势，从而形成日本优势，这些都是产业经营思维。产业的经营优势最终会体现到个体的经营优势中去，相反，如果没有了产业优势，个体的未来发展之路只会越来越窄，这也就是为什么现代社会中会形成产业集群，形成集团优势，这种优势对于任何一个行业、产业都是至关重要的，未来发展的战略定位清晰可见。

在本书的开篇，岩佐大辉用了“让我们开始决不放弃的农业”这句鼓舞人心的话，体现了作者本人的对事业的执着追求、勇攀高峰、严谨的工作态度，这就是他的“决不放弃”。这是一本有关农业的书，但它不仅仅是有关农业，通过作者的思维体系构思、搭建，到最后在农业上的成功，都体现出作者的“用心”经营。没有谁可以随随便便成功，只有在成功的路上多了坚持、思考、执行，如此循环往复，成功一定属于那些绝不愿放弃的人。

日本人多地少，自然资源比较贫乏。但是相对于匮乏的土地资源，日本却是世界上农业现代化高度发达的国家之一，更有多项农业指标领先于其他发达国家。日本注重发展“有机农业”“生态效益农业”“绿色农业”等现代农业模式，逐渐达到了农业经济效益、生态效益、环境效益、社会效益的有机统一，进一步提高了农业现代化水平。

中日两国在农业发展的自然禀赋、基础条件、文化背景等方面有许多相同之处，因此学习日本农业现代化的经验对于我国现代农业建设和乡村振兴具有重要意义。我们要从“钻石草莓”中学习如何专注品质，如何建立产业集群，发挥产业集群优势，并在产业集群中突出个性化发展之路，创造性地开发、研究新的品种、方向，建立可持续发展的产业之路，实现我国的农业发展壮大，为实现中国人民的共同富裕、实现中国“两个一百年”的伟大奋斗目标开拓进取，永不放弃！

作者介绍

岩佐大辉（Iwasa Hiroki）

1977年出生于宫城县山元町。株式会社GRA代表董事和首席执行官。大学期间就开始创业，目前在日本和印度担任六家公司的法人代表。

为了重建在2011年东日本大地震中遭到严重破坏的家乡山元町，他创办了GRA。他以先进的设施园艺为轴心，以“地区的再创造”为使命，对草莓种植业务进行了结构性改革，向市场推出了每颗价格为1000日元的草莓品牌“MIGAKI ICHIGO”。

2014年他在日本风险投资奖（由日本中小企业机构主办）项目中获得了“东日本大地震重建奖”，2015年凭借“MIGAKI ICHIGOMousseux”在“年度家乡特产奖”（由内阁府赞助）项目中获得了“地区创生奖”（大奖）。

GRA的事迹被写入了日本小学6年级教科书《新编 新理科6》（东京书籍发行）中，并吸引了众多媒体的关注。

此外，GRA在2014年启动了一个项目，为新务农者提供从设计和引进草莓栽培设备到实际栽培以及收获后销售的一条龙农业经营支援服务。

岩佐大辉致力于培养日本农业的传承者、解决农业后继乏人的问题。

已出版的著作有《99%的绝望中会诞生“1%的成功机会”》（钻石社发行）、《酸甜苦辣的管理》（Book Walker 发行）。